La Meditazione Sensuale

rael

La Meditazione Sensuale

Il risveglio della mente attraverso il risveglio del corpo

Copyright © The Raelian Foundation 2008

Rael è identificato come l'autore di quest'opera in accordo con Copyright, Designs and Patents Act 1988 All Rights Reserved. Nessuna parte di questa pubblicazione può essere riprodotta, immagazzinata in sistemi di stoccaggio dati e trasmessa sotto ogni forma con mezzi elettronici o meccanici, fotocopie, stampe, registrazioni o altro, senza il permesso dell'editore e del titolare del copyright.

Titolo originale dell'opera pubblicata per la prima volta nel 1980
"La Méditation Sensuelle. L'éveil de l'esprit par l'éveil du corps"

ISBN-10: 2-940252-26-2
ISBN-13: 978-2-940252-26-8

Editore: Nova Distribution
L'editore può essere contattato a: publishing@rael.org

Ringraziamenti
Editore capo e Project Manager: Cameron Hanly
Design e composizione: Cameron Hanly e Line Gareau
Cover Art: Sophie de Niverville
Traduzione: Marco Franceschini

Indice Generale

Prefazione - Michel Deydier   vii
Prefazione - Dottor Paul Auger   xiv
Introduzione   xvi

I	Il Manuale D'istruzione Dell'orologiaio	1
II	Le Tappe Del Risveglio Totale	10
III	Prendere Coscienza Di Se Stessi	15
	L'uomo Un Computer Biologico…	16
	La Differenziazione Sessuale	32
IV	Deprogrammazione Volontaria	34
	Amore O Egoismo	37
	L'abitudine Atrofizzante	43
	Cogliere L'attimo	46
	La Masturbazione: Una Tappa Indispensabile	49
	Fare Il Vuoto	53
V	Riprogrammazione Volontaria	56

VI	Programma Di Meditazione Sensuale	62
	Meditazione n° 1	64
	Meditazione n° 2	72
	Meditazione n° 3	73
	Meditazione n° 4	76
	Meditazione n° 5	80
	Meditazione n° 6	83
VII	I Centri Di Meditazione Sensuale	89
	L'utilità Della Guida	91
VIII	Testimonianze	94

Maggiori Informazioni	*105*
Bibliografia	*106*
Altre Opere Di Rael	*107*
Indice Analitico	*111*

PREFAZIONE

Di Michel Deydier - Psicologo

Se solo trent'anni fa qualcuno avesse detto che l'informatica avrebbe rivoluzionato il mondo, nessuno l'avrebbe creduto.

Nella tecnologia, come nella medicina o nella filosofia, siamo ben lontani dai concetti del dopoguerra; la mente umana si evolve, ed è bene così, perché percepisce sempre meglio il proprio ambiente, crea e sottomette a poco a poco il proprio accessorio, scopre delle energie, sperimenta nuove tecniche, e questo in tutti i campi.

Il ragionamento del grande pubblico è migliorato in tutte le culture, nel senso della concezione di una vita più intellettuale, più sofisticata, ed anche più libera.

Ma la cosa più straordinaria è l'evoluzione del concetto stesso di materia; grazie agli sforzi congiunti dei ricercatori, la materia si anima, si avvicina all'uomo, si spiritualizza.

Un tempo la materia veniva considerata come l'opposto dello spirito. Oggi, grazie ai notevoli progressi della neurochirurgia e della ricerca psicometrica in generale, l'attività del cervello diventa più familiare e perde il proprio carattere mistico.

Si possiedono dei dati sul funzionamento cerebrale che vengono ritenuti decisamente più rivelatori delle vecchie basi psichiatriche o psicanalitiche ancora insegnate.

Questa ricerca non cessa di progredire e, bisogna ammetterlo, porta un po' d'inquietudine alla popolazione, perché il profano commette l'errore di voler porre dei postulati a partire da frammenti di conoscenza; bisogna però continuare a riporre fiducia in questi liberi creatori, che sono i ricercatori, al di là delle loro esitazioni e dei loro legittimi errori. Per la prima volta nella storia della nostra civiltà, la scienza e la spiritualità percorrono lo stesso cammino. Esse hanno delle correlazioni essenziali che rendono indissociabili mente e materia, psichico e cerebrale.

Si conoscono, ad esempio, i centri nervosi responsabili di questo o quel comportamento, si sa che delle morfine naturali (le endorfine) sono in sospensione sotto la corteccia e che possono essere veicolate dalle emozioni che noi proviamo in una data situazione. Conoscendo la loro proprietà inibente, è possibile comprendere l'attività cerebrale a partire dal comportamento osservato.

Esiste una tale autonomia negli scambi biochimici che siamo sempre più tentati di considerare il cervello umano come una struttura sociale, fornita di funzioni auto-equilibranti. Di conseguenza, la sola risposta agli squilibri della sua fisiologia si trova nella qualità dei rapporti psicosomatici, vale a dire tra la Mente e la Materia, pur essendo questa determinazione delle due nozioni al limite dell'errore.

Concezione Clinica Del Risveglio Spirituale

Il risveglio spirituale è lo stato di disponibilità permanente che esiste fra tutte le funzioni neurologiche che compongono le conduzioni energetiche del cervello.

L'essere umano che possiede un livello di risveglio corretto, può in ogni momento mobilizzare i diversi strati di queste conduzioni per analizzare il contenuto dei messaggi sensoriali percepiti (ma l'uomo ordinario non possiede come l'essere risvegliato questo stato fisiologico).

L'analisi mentale permanente costituisce precisamente la qualità dei rapporti esistenti tra l'ordinazione della mente ed i messaggi captati, vale a dire la percezione dell'ambiente esterno ed interno.

L'intelligenza dipende dal livello dell'ordinazione ed è definita nel codice genetico. Essa non può essere sviluppata oltre il suo limite massimo, ma essa è insufficientemente utilizzata. Le sue operazioni necessitano di una programmazione di qualità, in particolare per quanto concerne la percezione dello spazio interno e dello spazio esterno.

La sensualità è la capacità di percepire l'ambiente. I messaggi sensoriali sono captati dai cinque sensi: vista, udito, odorato, tatto e gusto, ai quali può essere aggiunta, con beneficio, la percezione telepatica.

Questi recettori che sono i sensi, sono generatori di piacere e sono collegati al cervello centrale che utilizza, proprio come un computer, le immagini trasmesse. La sensualità costituisce il livello più importante poiché è un materiale di base che deve fornire informazioni fedeli in qualità e in quantità.

Per risolvere l'insieme di necessità di una buona conduzione mentale, è nato un gran numero di metodologie terapeutiche, per citare soltanto le terapie psicoanalitiche, le forme di rilassamento, le terapie di gruppo, l'Alpha, ecc.

Non esiste ad oggi alcun insegnamento, alcun metodo il cui fine sia quello di raggiungere il risveglio della mente attraverso il risveglio del corpo, servendosi della pura energia sensuale per collegare la coscienza cerebrale al livello cellulare; ed invece questa è proprio la chiave di volta.

Non si può concepire logicamente alcun progresso dell'analisi mentale permanente senza un notevole miglioramento della sensualità, perché la natura dei messaggi dati dall'ambiente interno ed esterno è alla base di ogni operazione mentale, eccetto il pensiero astratto. Ogni cosa vivente possiede un sistema sensoriale, il vegetale, l'animale, l'umano; senza ciò la vita non esisterebbe.

L'affettività è il complesso che regge l'insieme della vita emozionale dell'individuo. I messaggi sensoriali, in modo particolare, vi si impregnano e alcuni di essi vengono memorizzati.

L'affettività serve quasi sempre da supporto all'attività intellettuale. Essa è fortemente radicata nel nostro inconscio; ora, la nostra ragione esercita solo una debole autorità sugli elementi inconsci e noi abbiamo tutto l'interesse a ristabilire, attraverso la via della sensualità, l'ordine energetico di cui abbiamo imperativamente bisogno.

Il Risveglio Corporeo

Per le cellule che formano il cervello, come per quelle che compongono il fegato o il cuore, vale esattamente la stessa cosa. Tutti gli organi, tutte le membra, tutte le ghiandole del corpo umano devono essere e devono rimanere collegate con il cervello in modo da percepire le variazioni energetiche esterne ed interne.

Tutta la fisiologia generale è condizionata dalla collocazione nello spazio; uno stomaco che non riconosce più la sua identità, dimentica parte del suo ruolo e commette errori funzionali che non saranno necessariamente assorbiti dal fegato o dal pancreas. La maggior parte delle persone che non sanno nuotare potrebbero vincere la loro apprensione se concepissero il proprio schema corporeo, e questo fatto non è più da provare. È così anche per gli anoressici parziali. Le indicazioni del risveglio corporeo sono illimitate e concernono, per lo stesso motivo, ogni persona che sta bene, desiderosa di sfruttare al meglio le proprie risorse.

Il fenomeno di risveglio procura una specie di euforia, perché la sensazione raggiunge i livelli muscolari, viscerali, le funzioni respiratorie e circolatorie, anche a livello cellulare. È uno stato fisiologico.

Il Risveglio Sensuale

Il risveglio sensuale permette il risveglio corporeo che, a sua volta, genera il risveglio della mente. La sensualità fa parte, insieme alla sessualità, dei sistemi generatori di piacere e, a causa di ciò, è stata a lungo repressa soprattutto nella nostra cultura occidentale.

Il piacere, tuttavia, è una reazione del tutto naturale e positiva. La natura umana è costruita su questo principio. Meglio, la biologia universale sembra reggersi sul principio del piacere. Non esiste gesto, cosciente o meno, che sia compiuto allo scopo di evitare il piacere. Ma, poiché la morale esercita a questo livello una repressione ingiustificata (ed ingiustificabile), si seguono delle vie complesse e spesso malsane per arrivarci. Non a caso i bisogni elementari dell'individuo sono direttamente associati al piacere di appagarli. La sensazione di piacere non è soltanto gradevole, è indispensabile, poiché condiziona la maggior parte degli scambi metabolici del corpo (e del cervello) ed essa permette di controllare la sua propria evoluzione: un essere risvegliato sa gioire della propria sensualità.

Meditazione Sensuale O Autoidentificazione

La messa in moto del processo sensuale completo, sfortunatamente, non si improvvisa. La nostra sensualità è atrofizzata dalla repressione affettiva.

Noi abbiamo bisogno di rilassamento per regolare la nostra tensione nervosa, per saziare i nostri sensi di colori, di odori, di musica... Anche questo fa parte dei nutrimenti essenziali dell'essere umano.

Noi abbiamo bisogno di collocare il nostro corpo nello spazio e di individuare i componenti dello spazio del nostro corpo.

Quando si colloca il proprio corpo nello spazio, lo si collega al proprio cervello attraverso la mediazione dei sensi poiché si diventa coscienti dell'ambiente. Quando si individuano i propri organi, le proprie membra, le proprie ghiandole, le si collega al cervello.

Quando individuiamo le nostre cellule, le colleghiamo al cervello oltre che fra di loro, e quest'ultimo è già collegato a sé stesso, cosciente della propria posizione nello spazio del corpo.

Noi abbiamo bisogno di sentire che siamo QUI, che siamo LÀ, e, per questo, dobbiamo molto semplicemente imparare a sentirci, a identificarci in qualche modo, non con una denominazione di conformità o qualcosa del genere "etichetta", ma con delle sensazioni puramente individuali.

La Meditazione Sensuale permette tutto questo ed anche molto di più. Se l'accesso a questa pratica necessita un'iniziazione, una specie di raccordo agli schemi sensuali e corporei di ciascuno, la sua pratica rimane un'operazione intima. Ciò non vuol dire che sia necessario isolarsi per meditare. La presenza di esseri che si amano è sempre positiva. Ciò non toglie che, dalla propria iniziazione al proprio "orgasmo", la meditazione sensuale resti una esperienza altamente personale, nel senso che le sensazioni evolvono in un ambiente completamente autarchico.

In meditazione, tutto avviene come se si avviasse un processo riflesso di identificazione e fosse proprio questa auto-identificazione a trasportarci verso la conoscenza.

Lo stato di risveglio è un terreno propizio alla creatività. In più migliora di molto la qualità dei rapporti interumani. Meditare non è un'operazione complessa È necessario anzitutto imparare a condurre le proprie sensazioni, il che sfocia, presto o tardi, sull'apertura della coscienza. Nella misura in cui l'euforia penetra nei tessuti, progredisce anche la scalata delle connessioni nervose, muscolari.

Poi, di meditazione in meditazione, si instaura una facilità psicologica e fisica che dà vita ad una nuova dimensione.

La concezione della meditazione sensuale, com'è insegnata da Rael, risponde ai dettami della psicologia moderna e può essere estrapolata a quelli della salute perché permette il risveglio della mente, il risveglio del corpo e lo sbocciare della sensualità.

Essa gioca un ruolo di regolatore affettivo riducendo il sentimento di frustrazione pur preservando la vita emozionale.

Essa autorizza un fenomeno di equilibratura naturale degli scambi metabolici senza alcun intervento esterno da parte di prodotti medicinali o altro.

È accessibile a tutti.

Possiede, a mio parere, delle virtù preventive e curative di grande valore.

PREFAZIONE

Del Dottor Paul Auger - Psichiatra

La Meditazione Sensuale di Rael è utile a tutte le categorie di persone e, in modo particolare, agli esseri umani del nostro tempo.

Essa mira essenzialmente al risveglio della mente attraverso il risveglio del corpo. Sebbene abbia quest'intento, è più di una tecnica di rilassamento benché utilizzi, come altre, un'ossigenazione accresciuta del sangue. Tenuto conto del fondo musicale molto appropriato, che fa largamente appello alla distensione, la suggestione è dolcemente trascinante e pacificante.

La Meditazione Sensuale possiede l'incontestabile vantaggio di "rendere coscienti" e di riportare alla corteccia cerebrale, in un tempo relativamente breve, la presenza vitale e funzionale dei diversi tessuti umani e delle cellule specifiche che li compongono.

Essa ricerca la coscienza ammiratrice dell'infinitamente piccolo, molto importante in biologia molecolare, e della sua situazione armoniosa in rapporto all'unità corporea. Invitando e, se posso dire, incitando i nervi ed i loro "neurotrasmettitori" a trasmettere adeguatamente i messaggi organici alla corteccia cerebrale, essa riesce a far aumentare la stima di sé e ad elevare il piacere sensuale come fase bipolare con la scienza. Le due cose, insieme o alternate, creano la coscienza planetaria. È in questo senso, a mio avviso, che la Meditazione sensuale risveglia l'edonismo dell'uomo ed impedisce all'adrenalina e ai suoi derivati nocivi di giungere al cervello - il cervello dell'uomo è una ghiandola complessa perfezionata e capace di perfezionarsi - per la felicità dei sensi e di questi in rapporto all'infinitamente grande.

La spirale apre la via alla quarta dimensione dell'uomo, il tempo e forse alla sua contrazione nella velocità.

Riassumendo in breve: grazie ad un meccanismo biochimico, la meditazione sensuale permette all'uomo, in pochi minuti, di intravedere il giorno in cui vedrà nell'altro uomo il proprio fratello, e in cui sarà egli stesso capace di situarsi nell'armonia universale, al contempo Creato e Creatore.

INTRODUZIONE

Rael è quel giovane giornalista che avete spesso visto alla televisione parlare dei suoi incontri con degli extraterrestri ed anche del suo viaggio in uno dei loro apparecchi, che gli uomini chiamano "dischi volanti", sul lontano pianeta che essi abitano.

Questi extraterrestri, gli Elohim, hanno affidato a Rael due messaggi veramente straordinari che sono stati rivelati in due libri, Il libro che dice la Verità e Gli extraterrestri mi hanno portato sul loro pianeta. In questi libri si può apprendere, in particolare, che l'umanità è stata creata scientificamente in laboratorio da degli esseri venuti dallo spazio per effettuare degli esperimenti di ingegneria genetica sulla Terra.

Vi si apprende anche che la Bibbia e tutti i libri che sono alla base delle grandi religioni del nostro pianeta, descrivevano in realtà questa creazione scientifica. Come ad esempio nell'Antico Testamento dove si ritrova il termine Elohim fin dalle prime parole della Genesi: "All'inizio lo spirito di Elohim planava al di sopra delle acque", poi "il primo giorno Elohim fece questo", "il secondo giorno Elohim fece quello", ecc. Questa parola "Elohim" venne ingiustamente tradotta con il termine "dio", come potete verificare con facilità aprendo una comune Bibbia.

Alcuni traduttori onesti si sono però ben guardati dal tradurre questo termine Elohim con "dio", sapendo molto bene che in ebraico significa letteralmente "quelli che sono venuti dal cielo" e che si tratta proprio di un plurale. Così, cercando bene, troverete delle Bibbie che hanno conservato il termine Elohim, come, ad esempio, quella apparsa presso il N.R.F. nella collezione "La Pleiade" per la traduzione di Edouard Dhorme. (O quella edita in Italia dalle Edizioni Paoline, "Nuovissima versione della Bibbia – Genesi", n.d.T.)

Alla luce di questa rivelazione, si comprende decisamente meglio perché sta scritto che "dio" fece l'uomo a propria immagine, proprio come i biologi del nostro pianeta faranno prossimamente grazie alla loro crescente padronanza del DNA. Anche i nostri scienziati creeranno degli uomini artificiali fatti "a loro immagine"...

Oltretutto, si può facilmente comprendere come per i primitivi che ci hanno preceduto, tutto ciò che proveniva dal cielo poteva soltanto essere "divino". Infatti l'impresa di far volare qualcosa di più pesante dell'aria risale solo all'inizio del nostro secolo, e gli indigeni di un'isola del Pacifico attendono ancora gli "dei bianchi venuti dal cielo dentro degli uccelli metallici" con le braccia cariche di chewing-gum e di Coca Cola. Si trattava invece semplicemente di alcuni soldati americani che avevano installato una base sul loro atollo al tempo della guerra contro il Giappone e che ripartirono al termine del conflitto... Da quel giorno, è nato il culto degli "dei bianchi" e gli indigeni aspettano ancora disperatamente i prodotti "Made in USA"...

Ma se questi due libri contenenti i messaggi di questi extraterrestri che hanno creato i primi esseri umani in laboratorio, costituivano una fantastica demistificazione delle religioni, essi comprendevano anche i fondamenti di una tecnica di sboccio altrettanto prodigiosa: *La Meditazione Sensuale*.

Le migliaia di persone che si sono raccolte attorno a Rael per aiutarlo a diffondere i favolosi messaggi di cui è latore, hanno potuto apprezzare negli ultimi anni i meravigliosi risultati di questa tecnica di meditazione, in occasione dei seminari organizzati dal Movimento Raeliano in ogni continente. Alcune di esse hanno anche desiderato farne beneficiare più ampiamente i propri familiari ed amici, creando dei centri permanenti di sboccio.

Meglio ancora: molte sono le persone che desideravano beneficiare a casa loro e durante il loro tempo libero, dell'ascolto di quest'insegnamento o almeno delle sue basi, per ritrovare armonia quando questa era andata perduta a causa delle aggressioni del loro ambiente o per progredire ancor più nel loro sboccio personale.

Ecco perché è nato questo programma di base composto da sei meditazioni registrate su supporto audio e da quest'opera.

I

IL MANUALE D'ISTRUZIONE DELL'OROLOGIAIO

"Felice colui che ha potuto penetrare le cause segrete delle cose" (Virgilio)

Il simbolo che figura sul dorso della copertina di questo libro vi ha forse scioccato. Rassicuratevi, non ha niente a che fare con il criminale contro l'umanità che si appropriò della sua parte centrale per farne l'emblema di uno dei più orribili genocidi di tutta la storia del nostro pianeta.

Questo simbolo rappresenta infatti l'infinito nello spazio e nel tempo. Il triangolo con la punta orientata verso il basso rappresenta l'infinitamente piccolo, quello con la punta orientata verso l'alto rappresenta l'infinitamente grande, ed i due sono evidentemente legati fra loro. Quanto alla svastica, o croce potenziata, o croce uncinata che si trova al centro, essa rappresenta l'infinito nel tempo, cosa evidentemente valida sia per l'infinitamente piccolo che per l'infinitamente grande.

Gli Elohim hanno potuto provare, con i loro venticinquemila anni di progresso scientifico rispetto a noi, che le particelle degli atomi che ci compongono sono degli universi nei quali si trovano dei pianeti, sui quali vivono degli esseri intelligenti come noi che sono, a loro volta, composti di atomi le cui particelle sono degli universi, ecc.

Partendo da questo presupposto, essi hanno potuto provare che le stelle del nostro universo compongono la particella di un atomo situato da qualche parte in un essere vivente intelligente che forse contempla anch'egli il cielo del proprio pianeta, chiedendosi se esiste la vita altrove nel proprio universo, che, a sua volta, non è altro che la particella di un atomo, ecc.

Gli Elohim, questi extraterrestri che ci hanno creato in laboratorio, hanno anche scoperto che il tempo è inversamente proporzionale alla massa dell'universo per il quale scorre. Cioè, per riprendere l'esempio precedente, mentre per noi è trascorso un secondo, per gli esseri che vivono su un pianeta situato in un atomo del nostro alluce, sono passati dei millenni. Mentre, in un periodo equivalente a tutta la nostra vita, per l'essere gigantesco di cui la nostra terra non è che la particella di un atomo, è trascorsa soltanto una frazione di secondo.

È evidente che, per degli esseri che sono giunti ad un tale livello di civilizzazione e che sono in grado di creare degli esseri viventi in laboratorio "con una manciata di terra", come dicono le Scritture, cioè con le sostanze chimiche contenute nel suolo del nostro pianeta, le caratteristiche della creatura che decidono di fabbricare variano all'infinito e che queste variazioni non pongono alcun problema. Che si tratti dei colori delle ali di una farfalla o della forma dei petali di un fiore, tutto ciò è facile da programmare nel codice genetico della specie che viene concepita.

Ciò che è valido per l'aspetto fisico di un individuo, lo è anche per le sue caratteristiche psichiche.

Si è recentemente riusciti a modificare in laboratorio il comportamento di certi animali, rendendo i lupi paurosi e gli agnelli feroci, agendo sugli scambi chimici che governano i comportamenti all'interno del cervello. Ed in questo campo la scienza umana è solo ai suoi primi balbettamenti.

Al centro dell'immagine potete notare il simbolo dell'infinito, uno dei simboli più antichi presenti sul nostro pianeta. Esso compare nel "Libro Tibetano dei Morti" o "Bardo Thodol" ed era conosciuto in diverse culture dell'antichità. Esso è anche il simbolo della civiltà degli Elohim ed è il simbolo originale del Movimento Raeliano. La stella di Davide rappresenta l'infinito nello spazio, e la svastica al suo interno simbolizza l'infinito nel tempo.

Quando si crea un animale in laboratorio, gli si dà innanzitutto un aspetto fisico. In seguito si decide quali saranno le sue caratteristiche psichiche. Queste ultime influiranno evidentemente sul suo aspetto, poiché, se ad esempio si decide di creare un erbivoro, sarà necessario pensare di fornirlo di una dentatura adatta a brucare.

Se è destinato a vivere in una regione dal clima molto freddo, sarà anche necessario pensare di dotarlo di una folta pelliccia e, se durante alcuni periodi deve vivere nella neve e se esistono nella stessa regione delle specie carnivore per le quali potrebbe costituire una preda troppo facile, è necessario far sì che la sua pelliccia si tinga, in questi periodi pericolosi per lui, di un biancore immacolato.

Per ciò che concerne la riproduzione, bisognerà pensare di dotare l'animale di organi necessari a questo "cancro organizzato" che è lo sviluppo nel ventre di una madre di cellule viventi destinate un giorno a diventare un altro animale simile, una riproduzione fedele.

Bisognerà anche far sì che, in un dato momento dell'anno, il nostro animale femmina liberi alcune sostanze che diffondano un odore definito e che attirino il maschio affinché l'accoppiamento abbia luogo. Questo maschio sarà stato evidentemente provvisto di recettori olfattivi collegati ad alcuni centri del suo cervello che scateneranno in lui il desiderio di accoppiarsi.

Si sa che alcune femmine di farfalla emettono un odore che il maschio è capace di captare a molti chilometri di distanza, il che dimostra la qualità del suo "naso"...

Abbiamo dunque visto come far scatenare il desiderio di accoppiarsi fra i soggetti maschi e femmine dell'animale che noi vogliamo fabbricare. In seguito sarà necessario far sì che quest'accoppiamento scateni nel cervello dei partner delle reazioni piacevoli affinché, con l'aiuto del riflesso di Pavlov, abbiano voglia di ricominciare. Per indurre questo, sarà necessario che gli organi sessuali siano equipaggiati di terminazioni nervose che trasmettano ai loro cervelli degli stimoli che scatenino una sensazione di piacere. La superficie di contatto degli organi maschili e femminili dovrà poi essere sufficientemente ampia perché questa sensazione di piacere sia forte.

Vediamo dunque che le caratteristiche psichiche legate al funzionamento del nostro animale, condizionano in gran parte le sue caratteristiche fisiche.

Si deve ben comprendere che tutte queste caratteristiche, tanto fisiche che psichiche o riguardanti il comportamento dell'animale che si progetta di costruire, sono programmate componendo il codice genetico, esattamente come il fatto di ordinare in un certo modo le lettere che scrivo può dare origine a delle frasi lunghe e difficili da leggere, o corte e chiare, tecniche ed ermetiche o poetiche ed entusiasmanti. Utilizzando le stesse lettere dell'alfabeto è possibile, con alcune frasi, scatenare nel lettore reazioni di paura, di disgusto, di desiderio sessuale, di salivazione, ecc.

Invece di disporre in un certo modo delle lettere, ci si serve di atomi e di molecole che, a seconda dell'ordine nel quale vengono disposte, daranno origine ad un essere che ha due ali o quattro zampe, sarà erbivoro o carnivoro, viviparo o oviparo, ecc.

Questa frase genetica che ogni essere vivente possiede, è chiamata dalla scienza "codice genetico", mentre alcune tradizioni esoteriche parlano di "nome di ogni animale", nome che gli sarebbe proprio e al quale "risponderebbe".

Abbiamo visto come, fabbricando un essere vivente, sia possibile fornirgli sia l'aspetto fisico desiderato, sia le sue caratteristiche psichiche, in una parola le sue abitudini.

Quando gli Elohim hanno creato la vita sulla terra, hanno creato un'immensa varietà di animali e di piante, equilibrando le abitudini ed i sistemi di riproduzione delle loro creature, affinché l'insieme fosse capace di riprodursi e di sopravvivere tanto a lungo finché l'ambiente fosse rimasto quello che esisteva al momento di questa creazione.

Utilizzando le parole alla moda, si potrebbe dire che l'insieme degli animali e delle piante create sulla Terra in laboratorio dagli Elohim, doveva essere ecologicamente equilibrato. Le piante permettono agli erbivori di nutrirsi, questi ultimi vengono mangiati dai carnivori che, quando si moltiplicano troppo non trovano abbastanza nutrimento e, divenuti molto deboli, generalmente muoiono a causa di epidemie. A queste epidemie sopravvivono pochissimi soggetti, il che permette agli erbivori di moltiplicarsi di nuovo in grande numero. Allora, non essendoci quasi più predatori, questi ultimi trovano nuovamente abbondanza di prede ed il ciclo ricomincia all'infinito. Questa successione di squilibri che si compensano alternativamente, rappresenta un equilibrio ecologico che rende vitale la totalità della creazione.

Quando gli Elohim decisero finalmente di creare un essere fatto a loro immagine, "a loro somiglianza" come dice la Bibbia, concepirono l'uomo con un aspetto fisico identico al loro ed anche con delle caratteristiche psichiche identiche alle loro. Chi conosce meglio l'orologio, se non l'orologiaio che lo fabbrica? Evidentemente nessun altro.

È dunque evidente che tutte le caratteristiche psichiche dell'uomo gli sono state donate volontariamente da coloro che lo hanno creato, e che il miglior modo di servirsene, il manuale d'istruzione in qualche modo, può provenire soltanto dal fabbricante in persona....

A questo livello è importante sottolineare la differenza esistente tra gli animali e l'uomo, poiché questi sbocciano naturalmente nel loro ambiente, per la semplice ragione che non sono creati per modificare quest'ambiente ma per sbocciare nella natura così com'è. L'uomo, al contrario, è stato fabbricato capace di modificare l'ambiente in cui vive. O meglio, gli animali sono stati creati con delle abitudini che sono incapaci di rimettere in discussione, mentre l'uomo è capace di cambiare le proprie abitudini su tutti i piani.

Ad esempio, per ciò che concerne l'habitat, i pettirossi hanno sempre fatto il proprio nido allo stesso modo e continueranno a costruirlo così, mentre gli uomini sono passati dalla capanna al grattacielo, passando attraverso la casa normanna, la capanna, l'igloo, ecc.

Quest'intelligenza superiore che caratterizza gli umani, è proprio la causa profonda della difficoltà che essi sperimentano nello sbocciare in modo naturale.

Quando un uccello ha ben dormito, ben mangiato e si liscia le piume al sole, è naturalmente in totale armonia. È al massimo delle proprie possibilità e non ha nient'altro da fare. Per lui "va da sé" lo star bene nelle proprie piume, poiché è programmato per non porsi mai delle domande su ciò che riguarda il proprio modo di vivere o le proprie abitudini. L'uccello, come tutti gli animali è un computer definitivamente programmato.

L'uomo invece, e questo da quando esiste, non cessa di rimettersi in questione ed è per questo che è un creatore. Dopo aver ben dormito e ben mangiato, comincerà a riflettere per tentare di accumulare nutrimento a sufficienza in vista di giorni difficili, ed anche quando l'avrà fatto, si porrà un altro problema, e poi un altro e questo senza mai cessare di rimettersi in questione su tutti i piani. Anche immaginando degli uomini che possiedono tutto ciò che è loro necessario per vivere tutta la loro vita, tanto sul piano del nutrimento che dell'abitazione, essi si lanceranno lo stesso in azioni sempre più imprevedibili, che si tratti di creazioni artistiche per amore dell'arte o della creazione di imprese destinate ad aumentare la loro fortuna o, molto semplicemente, per darsi una "occupazione".

Che si tratti del proprio habitat, del proprio nutrimento, del proprio lavoro o dei propri agi, ed anche della propria sessualità, l'uomo cerca sempre il cambiamento. E questo per la buona e semplice ragione che è stato creato, contrariamente agli animali, come un computer autoprogrammabile, vale a dire capace in ogni momento di rimettere in causa le proprie abitudini, le proprie tradizioni, i propri costumi.

Se da un lato questa capacità di rimettersi senza posa in questione costituisce una straordinaria superiorità dell'uomo sugli animali e se l'essere umano deve sviluppare al massimo questa facoltà per risvegliarsi totalmente, dall'altro è però necessario che egli si riposizioni con regolarità in rapporto al proprio ambiente. Lo deve fare per avere dei momenti di estasi durante i quali prendere coscienza di ciò che egli è nel momento preciso in cui si abbandona a questo esercizio, per essere in seguito ancora più efficace nell'utilizzazione della propria capacità di autoprogrammazione. Questa pausa nella corsa sfrenata dell'essere umano, nella sua perpetua rimessa in discussione, può essere paragonata al momento in cui l'uccello si appoggia sul proprio ramo per approfittare di un raggio di sole, per cantare, per nessun altro motivo che non sia il piacere di cantare.

Questo fa parte del "manuale d'istruzione" di questa fantastica macchina che noi siamo e che il fabbricante ci affida ora che il nostro livello di civiltà ci permette di comprenderlo e di utilizzarlo.

Chi meglio dell'orologiaio potrebbe dirci come far funzionare l'orologio?

La Meditazione Sensuale, rivelata da questi esseri venuti da un lontano pianeta per crearci in laboratorio, gli Elohim, costituisce la più semplice e la più efficace delle tecniche di sboccio per la buona e semplice ragione che ci viene data da coloro che ci hanno fabbricato come noi siamo...

Certo, sono sopravvissute fino alla nostra epoca numerose tecniche nate per la maggior parte in Oriente dove gli Elohim le avevano rivelate molto tempo fa ad alcuni profeti o iniziati come Buddha o altri monaci tibetani, ma questi insegnamenti sono stati dati a dei primitivi ancora dominati dalle credenze e dalle superstizioni più bizzarre, e che, in generale, le avevano male o incompletamente comprese e quasi interamente tradite nel ritrasmetterle ai loro discepoli. Nella maggior parte dei casi, il miscuglio fra le credenze primitive e gli insegnamenti rivelati dagli Elohim, ha prodotto delle religioni che conservano alcuni di questi eccellenti metodi di sboccio, che però si trovano annegati in mezzo ad una mistica dilagante e ad un rituale sclerotico.

L'insegnamento originale, ritrovato grazie ai messaggi degli Elohim, costituisce un ritorno alla sorgente e permette di comprendere la base materiale di tutte queste tecniche orientali che sono una prova supplementare della permanenza dell'aiuto dei nostri creatori, volto sin dall'inizio al miglioramento della sorte di queste creature che essi amano come propri figli: gli esseri umani.

D'altra parte, è necessario aggiungere che un essere non può essere totalmente in armonia se conserva nella propria mente dei concetti falsi e generalmente colpevolizzanti perché nati da concezioni dell'universo primitive e fortemente mistiche. Ecco perché alcuni esercizi, del resto eccellenti, insegnati da queste organizzazioni di origine orientale, vedono i loro effetti totalmente o parzialmente annullati da una cornice mistica, che finisce per invadere quasi interamente l'insegnamento di base.

Ritrovare le originali tecniche di sboccio senza la ganga teologica di cui esse si sono sovraccaricate con il passare dei secoli.... ecco quello che permette di fare la pratica della *Meditazione Sensuale*.

Un ritorno al manuale d'istruzione dell'Orologiaio...

II

LE TAPPE DEL RISVEGLIO TOTALE

Il cammino che conduce al Risveglio Totale è segnato da molte tappe che possono essere superate solo in un ordine preciso. Non si può, in effetti, salire sul gradino più alto di una scala senza aver prima appoggiato i piedi su quelli che ne costituiscono l'inizio.

Il primo gradino di questa scala si chiama "presa di coscienza". Presa di coscienza della mediocrità della propria vita, della mediocrità o dell'inesistenza di obiettivi precisi, dell'impressione di aver perso il proprio tempo durante gli anni già vissuti, di aver rincorso i diplomi, il denaro, il partner ideale, ecc., e di ritrovarsi a svolgere, nella società o anche nella propria famiglia, un ruolo che non si avrebbe mai desiderato svolgere se soltanto si avesse "avuto la scelta".

Una volta effettuata la presa di coscienza di questa insoddisfazione - e si tratta probabilmente del vostro caso in questo momento altrimenti non stareste leggendo queste righe - la tappa successiva si chiama informazione.

Quando si prende coscienza che, nell'ambito della propria esistenza, qualcosa non va, questa presa di coscienza è generalmente dovuta ad un avvenimento che ha scatenato una certa sete di informazioni. Quest'avvenimento può essere l'incontro con qualcuno che vive diversamente da ciò che si pensava essere la norma o il modo più conveniente di vivere, e che ci sembra essere più felice di noi, la scoperta di un film o di un libro dove ciò che si giudicava definitivamente indiscutibile appare all'improvviso meno evidente.

Questo "avvenimento scatenante", questo incidente benefico, produce quindi una presa di coscienza della possibilità di vivere in modo diverso, di pensare differentemente. Anche se a priori sembra scandaloso o sciocante che alcuni principi che ci sono stati inculcati dalla nostra educazione, vengano rimessi in discussione, abbiamo voglia di saperne di più, non fosse che per vedere se le persone che vivono al di fuori della "nostra norma" possono realmente essere felici e se il loro sorriso non nasconda angoscia o disperazione.

È proprio in questo momento che è importante informarsi realmente, senza idee preconcette e soprattutto senza fidarsi delle chiacchiere, quasi sempre calunniose, che provengono generalmente da persone non abbastanza forti da rimettersi in discussione e che preferiscono insozzare ciò che non vogliono tentare di scoprire per paura di essere ancora più infelici di quanto in generale sono. Debolezza, paura, infelicità, ecco quali sono gli stati d'animo di coloro che vivono aggrappati alle proprie tradizioni, cioè ad abitudini e a superstizioni che sono l'eredità dei primitivi che ci hanno preceduto e per i quali tutto quello che era inesplicabile era per forza miracoloso, divino o... diabolico! Una cometa, un gatto nero, un'eclisse di sole, tutto rappresentava un pretesto per tramare la cattiva sorte, poiché tutto annunciava necessariamente delle cose buone o cattive.

Ora che sappiamo analizzare scientificamente un dato fenomeno, spiegare con chiarezza ciò che ci circonda, creare la vita in laboratorio, andare nello spazio interplanetario, modificare il comportamento o il colore degli animali e restituire la vista ai ciechi grazie a delle protesi elettroniche, tutte queste superstizioni non hanno più alcun senso. Tuttavia è proprio in mezzo ad esse che siamo stati allevati, educati e condizionati.

Ecco perché, mentre l'uomo cammina sulla Luna, l'elezione di un nuovo papa occupa ancora la prima pagina dei giornali, i film sugli incantesimi sono dei best-seller e gli americani fanno delle processioni religiose per far cadere la pioggia in periodo di siccità...

Ma dato che avete scelto di informarvi realmente e senza partito preso, iniziate con il comprendere da voi stessi quanto sia ridicola questa situazione dovuta ad un'ignoranza mantenuta con grande cura da dei governi che hanno tutto l'interesse a far sì che le popolazioni non si pongano troppe domande...

Ma ritorniamo al nostro programma di lavoro. Solo dopo aver raccolto l'informazione - e sarà proprio quest'ultima a costituire il nostro prossimo capitolo - potrà aver luogo una nuova presa di coscienza in questa lenta elevazione del livello di coscienza globale. Sarà una presa di coscienza che ci permetterà di vedere fino a che punto ciò che si pensava essere del tutto naturale, non fosse nient'altro che il frutto del condizionamento rappresentato dalla nostra educazione.

E allora si giungerà al terzo piano, probabilmente il più importante e sul quale sarà certamente necessario tornare in diverse circostanze della nostra esistenza di fronte ad avvenimenti che non erano mai stati presi in considerazione nella nostra evacuazione organizzata dei rifiuti rappresentati dalle idee ricevute.

Questo terzo piano è l'organizzazione di un grande bucato di primavera in tutto ciò che regge i nostri comportamenti. È un "lavaggio del cervello" che ci si fa da sé per ripulire questo organo nel quale si sono accatastati alla rinfusa tutti quegli elementi che hanno generato i nostri blocchi più evidenti, ma anche quelli più fastidiosi e pericolosi di cui non siamo nemmeno coscienti.

LA SCALA DEL RISVEGLIO TOTALE

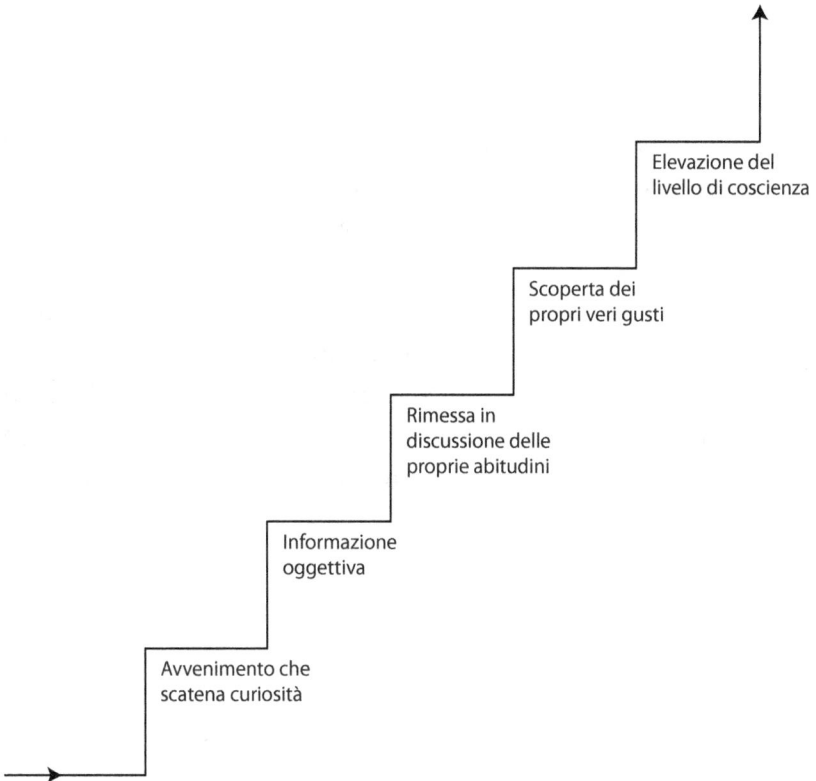

Riassumendo, si tratta di una profonda rimessa in discussione di tutte le nostre azioni e di tutte le nostre reazioni, volta a determinare quali siano quelle dovute alla nostra educazione e quali siano quelle che ci sono proprie, e ad eliminare le prime se sono in contraddizione con i nostri gusti e le nostre aspirazioni profonde.

Dopo aver fatto il vuoto di tutti i condizionamenti consci ed inconsci che influenzavano a nostra insaputa i nostri gusti, raggiungeremo il quarto piano, sul quale tenteremo di riprogrammarci volontariamente e, questa volta, senza dover nulla né agli educatori, né ai genitori né ad un ambiente parassitico, semplicemente scoprendo quali sono i nostri gusti reali e strettamente personali.

Dopo aver eliminato gli elementi che hanno generato in noi dei tabù, effettueremo questa programmazione volontaria attraverso una presa di coscienza della nostra sensualità, vale a dire attraverso l'utilizzo ottimale dei nostri sensi, i mezzi che il nostro essere utilizza per collegarsi all'infinito che ci circonda e che è in noi.

Saremo allora pronti ad affrontare la salita all'ultimo piano, quello a partire dal quale la scala che conduce al risveglio totale si eleva all'infinito, attraverso una presa di coscienza globale dello spazio e del tempo sfociante in un livello di coscienza superiore che fa di colui che lo raggiunge un essere vivente in permanenza nell'armonia più totale.

Ma... cominciamo dall'inizio e badiamo bene di non inciampare sul primo gradino!

III

PRENDERE COSCIENZA DI SE STESSI

L'educazione che abbiamo ricevuto ci ha condizionati a nostra insaputa e ha fatto di noi degli esseri sballottati fra due tendenze che i nostri educatori hanno ipocritamente mischiato: da una parte la credenza nel "buon Dio" e nell'uomo frutto di una creazione soprannaturale, dall'altra il dogma scientifico che afferma che siamo il frutto di una lenta evoluzione dovuta ad un'inimmaginabile successione di casi e che il nostro progenitore era una scimmia... D'altronde, sono numerosi gli "scienziati" che professano l'evoluzione durante la settimana e che vanno alla messa la domenica mattina. E se sfortunatamente, quando eravate bambini, avete avuto la cattiva idea di chiedere con un'audacia che sfiorava la sfrontatezza "perché?", nove volte su dieci vi hanno detto di mangiare la vostra minestra e di stare zitti... Perché? Semplicemente perché i vostri stessi educatori erano in bilico tra una sacrosanta tradizione che bisognava a tutti i costi trasmettere ai propri discendenti ed un ragionamento, detto "scientifico", che era stato posto come inconfutabile nelle alte sfere che decidono i dogmi da imporre.

Come pretendere che, in questo contesto, i vostri educatori non fossero anch'essi squilibrati al loro interno? E se un educatore sta male nella propria pelle, trasmette necessariamente le proprie angosce a quelli che è incaricato di "formare" (sarebbe preferibile dire "di deformare"...).

Il fatto di scoprire che siamo il frutto di un atto intelligente, che siamo stati creati scientificamente in laboratorio da uomini venuti da un altro pianeta e che questi uomini ci hanno costruiti a propria immagine, cioè capaci di comprendere da dove veniamo, perché siamo qui e che cosa possiamo diventare, modifica tutti i dati del problema.

Inoltre, come abbiamo detto poco fa, abbiamo l'occasione di vederci affidare dall'orologiaio stesso il manuale d'istruzione dell'orologio che noi siamo!

Ma prima di parlare del manuale d'istruzione, vediamo a che cosa assomiglia in realtà l'orologio e come esso funziona.

L'uomo Un Computer Biologico Auto-Programmabile E Auto-Riproducibile

Noi non siamo nient'altro che un computer, una macchina in qualche modo, le cui prestazioni paragonate a quelle di alcuni oggetti di fabbricazione umana, sono relativamente mediocri.

Perché una macchina funzioni, deve prima di tutto essere capace di alimentarsi di energia. Quando abbiamo fame smettiamo di lavorare e andiamo ad alimentarci per riprendere le forze. Dei ricercatori britannici hanno fabbricato un robot fatto di metallo che lavora tutto il giorno come carrello elevatore. Quando le sue batterie sono scariche, l'oggetto, equipaggiato di ruote e di una telecamera, smette di lavorare, si dirige verso una presa di corrente e si ricarica. Egli "mangia" esattamente come noi e quando le sue batterie sono ricaricate a sufficienza, si disconnette e riprende il lavoro. Abbiamo dunque visto che il fatto di essere capaci di alimentarsi di energia quando il bisogno si fa sentire, non costituisce una superiorità dell'uomo sulla macchina. Meglio, attualmente si sta lavorando su dei robot alimentati ad energia solare e capaci di immagazzinarla in previsione dei periodi di pioggia, il che permetterà loro di lavorare senza fermarsi per alimentarsi. L'uomo invece non è capace di nutrirsi dei soli raggi solari. Prima inferiorità dell'uomo in rapporto alla macchina, sul piano dell'alimentazione energetica.

Vediamo ora se la vista costituisce per noi una superiorità. Abbiamo già detto che alcuni robot sono equipaggiati con una telecamera che permette loro di "vedere" e di spostarsi fra degli ostacoli, proprio come facciamo noi. Queste telecamere sono collegate ad un computer incorporato nel robot che analizza le immagini che gli vengono trasmesse, esattamente come fa il nostro cervello.

Quindi nessuna superiorità dell'uomo sulla macchina anche per quanto riguarda la vista. Meglio, si potrà agevolmente dotare il nostro robot di una telecamera ad obiettivi multipli, uno dei quali sarà equipaggiato con uno zoom che gli permetterà di vedere a molti chilometri di distanza, un altro con un obiettivo macro che gli permetterà di vedere come con una lente di ingrandimento, un altro con un microscopio che gli permetterà di vedere nell'infinitamente piccolo, un altro equipaggiato per vedere nell'infrarosso, il che gli permetterà di situarsi in piena notte, ecc. Tutte prestazioni impossibili istantaneamente e simultaneamente per l'essere umano che deve utilizzare dei binocoli, una lente, un microscopio o degli occhiali all'infrarosso e che non può ad ogni modo utilizzare tutti questi oggetti nello stesso momento... Una superiorità in più della macchina sull'uomo.

Passiamo ad un altro senso: l'udito. Sapete tutti, che noi percepiamo soltanto una piccolissima quantità dei suoni che sono attorno a noi. Gli ultrasuoni e gli infrasuoni sfuggono alle nostre orecchie. I cani sentono dei suoni talmente acuti che noi non possiamo percepirli. Un robot può essere equipaggiato di rivelatori di ultrasuoni e di infrasuoni. Meglio, può essere equipaggiato per rivelare con precisione la direzione da cui proviene il rumore e a quale distanza è stato emesso. Prestazioni di cui noi siamo del tutto incapaci...

Idem per l'odorato. Noi siamo soltanto capaci di dire: "questa cosa ha un buon odore" o "questa puzza", ma ci è impossibile analizzare gli odori. Il nostro robot può essere equipaggiato con dei recettori di odori che analizzano immediatamente e con precisione la composizione dei profumi circostanti, la direzione da cui provengono, la distanza del loro punto di emissione, se essi rappresentano un qualsiasi pericolo (gas tossico inodore per l'uomo), ecc.

Per ciò che riguarda il tatto, anche in questo caso siamo limitati. Noi tocchiamo qualcosa e diciamo "è caldo" o "è freddo" o ancora, "è duro" o "è molle", il che, ammettiamolo, è veramente vago. Il computer, invece, può misurare con precisione il peso, la durezza e la temperatura di ciò che tocca con i suoi sensori prensili che possono essere paragonati alle nostre mani, ma che sono infinitamente più precisi.

Infine, il nostro gusto si limita a farci dire: "è zuccherato", "è salato", "è buono" o "è cattivo", lasciandoci inghiottire ingordamente i peggiori veleni, purché siano stati conditi in modo da rallegrare il nostro palato... Il computer può essere equipaggiato di analizzatori di sostanze che indicano la composizione esatta delle materie circostanti con le quali, in ogni caso, non ha nulla a che fare poiché si nutre direttamente di raggi solari, ma può indicarle all'uomo che egli eventualmente serve...

Abbiamo dunque visto come una semplice macchina non solo non sia inferiore all'uomo, ma possa anche essere dotata di caratteristiche infinitamente superiori.

Prendere Coscienza Di Se Stessi

Resta un senso, il sesto, la percezione extrasensoriale che l'uomo praticamente non sfrutta e che anche un computer potrebbe utilizzare infinitamente meglio. La trasmissione di informazioni, senza l'utilizzazione dei cinque sensi ordinari, si effettua ogni giorno grazie alla comunicazione via radio ed equipaggiare il nostro robot di un trasmettitore-ricevitore che gli permetterebbe di comunicare con altri robot come lui, sarebbe un gioco da bambini.

In conclusione, si può dire che tutto ciò che fa l'uomo, un computer è capace di farlo meglio.

Ma se è evidente che le caratteristiche dei nostri sensi sono infinitamente limitate, vi dite forse che "l'essenza divina" dell'uomo si trova altrove? Nella sua memoria? Impossibile! Come ben sapete, qualunque calcolatore tascabile è capace di avere in memoria infinite più informazioni di uno qualunque dei nostri accademici, e soprattutto è capace di restituirle istantaneamente e senza sbagliarsi. L'informatica, che fa sempre di più parte del nostro ambiente, ce lo prova ogni giorno. Calcolatrici tascabili, traduttori tascabili contenenti l'equivalente di un dizionario in otto lingue, avversari elettronici per giocare agli scacchi a un livello di campione internazionale, ecc.

E siamo soltanto ai primi esordi dell'informatica. I componenti elettronici vedono ogni anno le proprie prestazioni moltiplicarsi per due. Alcuni intravedono già la possibilità di immagazzinare in un cristallo di qualche millimetro di lato tutte le conoscenze dell'umanità in tutte le discipline!!!

Questo libro che state leggendo è già composto utilizzando un disco collegato ad un rivoluzionario sistema informatico, che tra qualche mese sarà certamente già sorpassato. E pertanto: sulla facciata di un disco simile ad un piccolo quarantacinque giri, si possono immagazzinare tutte le informazioni, tutte le parole e tutte le lettere di due libri come questo.

Non esiste ancora nessuna traccia di "essenza divina" in tutto ciò, e nemmeno tracce di caratteristiche inimitabili proprie dell'essere umano.

La capacità di creare delle opere d'arte? Nemmeno questa! Esistono ora dei computer compositori di musica ed interpreti delle loro opere. Tutti conoscono le sonorità dei sintetizzatori che vengono sempre più utilizzati nel mondo della musica; si tratta di computer capaci di riprodurre le sonorità di tutti gli strumenti musicali ed anche della voce umana; questo apparecchio può essere programmato per suonare un pezzo di Bach o di Mozart con molta più precisione di qualsiasi orchestra sinfonica del mondo. Immaginiamo un'orchestra di cento violini. Ebbene, mai questi cento violini attaccheranno la loro parte esattamente nello stesso istante, tutti insieme. Ci sarà sempre uno scarto di qualche decimo di secondo fra il più rapido ed il più lento dei musicisti, e di qualche centesimo di secondo fra tutti i musicisti. Il computer, invece, riprodurrà il suono di cento violini e li farà partire tutti insieme, al millesimo di secondo, meglio di quanto un qualsiasi direttore di orchestra potrà mai ottenere da musicisti umani.

Alcuni diranno che il piccolo tempo di ritardo o la piccola esitazione, costituisce proprio ciò che crea la personalità di questo o quest'altro direttore di orchestra, ma anche quest'esitazione può essere programmata per dare a questo computer una "personalità" identica.

Un altro vantaggio del computer sintetizzatore è quello di produrre delle sonorità più pure rispetto agli strumenti arcaici che si servono dell'acustica naturale delle sale in cui vengono utilizzati. E la cosa è particolarmente flagrante durante le registrazioni in cui si è obbligati a far passare i suoni attraverso un microfono, poi attraverso un amplificatore per registrarli, poi di nuovo attraverso un amplificatore e degli altoparlanti per ascoltarli. Il sintetizzatore, invece, può inviare direttamente all'amplificatore delle sonorità di una purezza pressoché totale, senza che venga sminuita dai difetti acustici della sala in cui ci si trova.

Come dice Jean-Claude Risset, incaricato delle ricerche al C.N.R.S. e compositore: "Non esiste alcun limite alla precisione ed al virtuosismo del computer che può eseguire delle partiture difficili, dei ritmi complessi, con un'esattezza proibitiva per gli interpreti umani; ed alcuni compositori vogliono utilizzare il computer semplicemente per sbarazzarsi degli interpreti".

Ciò che è possibile per i suoni, lo è anche per le forme, i colori, gli odori o i sapori.

Il pittore che riproduce la curva di un'anca, non fa altro che tracciare una linea ideale in rapporto a numerose altre possibilità di tracce. Anche il computer può farlo. Anche i difetti che caratterizzano alcuni pittori che ornano i loro soggetti con lunghi colli, come Modigliani, o che li disegnano con un massimo di linee verticali come Buffet. Il computer può fare anche questo. Come può suonare un pezzo alla maniera di Bach, può dipingere un soggetto alla maniera di Modigliani.

Un computer può anche trovare uno stile che non esiste, passando in rivista tutti quelli che esistono ed inventandone uno corrispondente ai gusti di un dato pubblico.

"Il ruolo del computer nei processi di creatività è soltanto al suo debutto ed è certamente molto promettente". È il professor Arnold Kaufman dell'Istituto politecnico nazionale di Grenoble che lo dice e l'avvenire immediato proverà che la realtà oltrepasserà le sue previsioni.

Già alcuni computer sono capaci di creare immagini, di comporre musica, di sintetizzare odori, di disegnare architetture, ecc.

Bisogna rassegnarsi, anche la creatività non costituisce una superiorità dell'uomo sulla macchina.

Che cosa resta? La capacità di riprodursi? Neppure questa. Si può con molta facilità immaginare la fabbricazione di computer programmati per fabbricare altri computer, fatti a loro immagine e capaci a loro volta di crearne altri, fabbricando così una "specie" capace di crescere e di moltiplicarsi.

Nessuna caratteristica umana è impossibile da riprodurre meccanicamente e quindi l'uomo non è superiore ad una macchina. Abbiamo anche visto che le sue prestazioni sono molto mediocri, comparate a ciò che è possibile fare tecnicamente.

L'uomo non è altro che un computer biologico auto-programmabile ed auto-riproducibile, perso nell'infinitamente grande, composto di infinitamente piccolo, costituito da eternità e costituente l'eternità.

La sola superiorità dell'uomo sulla macchina è la capacità che possiede di decidere se dare o no vita a questi computer, che saranno al suo servizio, e quali saranno i loro limiti. Egli potrà in effetti dotarli di capacità enormemente superiori alle proprie e programmarli anche per diventare la specie dominante sulla Terra e per distruggere i loro stessi creatori: gli umani. Tutto dipenderà dalla programmazione che subiranno. Appare tuttavia ragionevole programmarli in modo che ci obbediscano e ci servano efficacemente...

Ma allora non abbiano nessuna superiorità sulla macchina? E "l'anima", voi dite? Come abbiamo visto all'inizio di quest'opera, essendo l'universo infinito, non può avere un centro, il che prova l'inesistenza di un "dio" e, siccome coloro che ci hanno creato lo hanno fatto in laboratorio grazie ad una perfetta padronanza dell'ingegneria genetica, l'anima non esiste. La prossima creazione di un essere umano al cento per cento sintetico da parte dei nostri scienziati più all'avanguardia, proverà definitivamente che l'anima non esiste. Ma se non esiste un dio, l'infinito esiste, è in noi come noi siamo in lui, ed è eterno. E se nella vostra mente è questo concetto a ricoprire la parola "dio", allora non siete totalmente nell'errore. Ma attenzione! L'infinito se ne infischia totalmente delle vostre azioni e, che siate altruisti o assassiniate mille persone, la cosa non gli fa né caldo né freddo per la buona e semplice ragione che l'infinito non ha alcuna coscienza di sé, essendo contemporaneamente dappertutto ed in nessun luogo...

Ma ritorniamo all'anima ed immergiamoci nel suo significato etimologico. Se, pronunciando questa parola, voi pensate alla parola latina "anima" che significa "ciò che anima", cioè ciò che fa sì che un essere abbia una personalità che gli è propria, allora intendete parlare del codice genetico. Alla luce delle più recenti esperienze scientifiche, ci si è accorti come sia possibile ricreare un essere vivente a partire da una delle sue cellule attraverso un procedimento chiamato clonazione, proprio come ci dicono gli Elohim, gli extraterrestri che ci hanno fabbricato a loro immagine. In tal modo sarà presto possibile ricreare un essere dopo la sua morte, utilizzando il codice genetico contenuto in una delle sue cellule conservate in modo appropriato.

Ma se voi intendete per anima un vapore etereo che si invola delicatamente dal corpo dopo la morte e che costituisce realmente la nostra personalità, sarà necessario che vi rassegniate ad abbandonare questo concetto primitivo e squilibrante, così come sono squilibranti tutte le false idee che creano una dualità tra un corpo che è qui ed uno spirito che potrebbe essere altrove o fatto di qualcos'altro che non sia il corpo... Coloro che ci hanno creato sono certamente nella posizione migliore per sapere se ci hanno dotati o meno di un qualcosa che somigli ad "un'anima eterea". Ed essi dicono "no" e lo provano creando, nell'eventualità fosse necessario, cinquanta copie di uno stesso essere, grazie alla clonazione in laboratorio. Se nessuno interviene dopo la morte per ricreare un essere scomparso a partire dal suo codice genetico, la materia che lo costituiva si disperderà ed egli non esisterà mai più. "Tu sei polvere e polvere ritornerai".

Così, poiché l'anima non esiste, essa non può costituire una superiorità sulla macchina. Ma è forse proprio il codice genetico a costituire una superiorità sul computer metallico che è situato all'interno di un robot? In ognuna delle cellule di un essere vivente ci sono le informazioni necessarie per ricreare l'essere tutto intero. Che si tratti della cellula di un piede o di una mano. Ma se si prende un frammento di una pinza di un robot, questo non conterrà le informazioni che permettono di ricostruirlo interamente. A meno che questo robot non sia biologico... Che cos'è un robot biologico? È un robot che, invece di essere costituito di metallo, è fabbricato con della materia vivente esattamente come noi.

Riassumendo, abbiamo visto che noi non siamo nient'altro che delle macchine dotate di prestazioni modeste, ma capaci di circondarci di macchine superiori a noi e capaci di servirci, per avere il tempo di sbocciare e di creare, il che è un nostro privilegio unicamente perché noi decideremo che lo rimanga, ma non in assoluto.

Dopo aver eliminato ogni mistero ed ogni concetto beatificante delle caratteristiche del nostro fisico umano che non ha niente di trascendente, iniziamo a vederci più chiaro nella percezione di noi stessi. Prendiamo coscienza che noi siamo una parte dell'infinito e dotati di capacità estremamente limitate.

Ma, anche se le loro prestazioni sono derisorie, queste capacità ci permettono ugualmente di percepire l'infinito che ci circonda al fine di situarci in rapporto ad esso e, se lo sappiamo fare, di giungere a metterci in armonia con esso.

Prima di chiudere questo capitolo che mira a distruggere in noi ogni falsa idea di noi stessi, ci resta da demistificare l'atto che maggiormente i primitivi si ostinano a considerare sacrale per ignoranza, o piuttosto giocando sull'ignoranza delle folle alle quali si rivolgono le religioni che hanno costruito: la creazione della vita. Questo "mistero" che è il rifugio dei ministri dei culti dell'incolto.

Infatti la creazione della vita non è ormai più un mistero, e non è per caso che le religioni che continuano a proclamare che lo è, contano sempre meno fedeli e sono obbligate a condurre importanti operazioni pubblicitarie nei paesi dove il tasso di analfabetismo raggiunge a volte il novanta per cento della popolazione per compensare così, in paesi poco informati delle scoperte scientifiche, il deficit che subiscono nei paesi occidentali. Ecco il perché dei viaggi del papa in America del Sud, in Africa ed in Medio Oriente...

Che cos'è in realtà la creazione della vita nel ventre di una madre? Ebbene, molto semplicemente, la creazione di un nuovo codice genetico, di una nuova "frase genetica", come abbiamo detto poco fa. Abbiamo visto che ogni essere vivente possiede un "nome" le cui lettere sono atomi e molecole. Quando si fabbrica un essere vivente in laboratorio, si crea un nuovo "nome" assemblando gli atomi e le molecole in un certo modo e, se questo essere è un uomo, il suo "nome genetico" sarà composto da quarantasei "sillabe" che vengono chiamate cromosomi.

Se quest'essere, come nel nostro caso, è in grado di riprodursi in modo sessuato, egli fornirà la metà del proprio "nome genetico" - la "frase" che gli è propria - all'ovulo fecondato che diventerà suo figlio. Il partner del sesso opposto fornirà a sua volta l'altra metà del codice genetico. Ciascuno di essi provvederà a donare ventitré cromosomi, l'uno sotto forma di spermatozoo, l'altra sotto forma di ovulo, che si assembleranno per formare una cellula, la prima cellula di un nuovo essere vivente che conterrà quarantasei cromosomi e si dividerà in due cellule, poi quattro, poi otto, ecc., fino a formare, un giorno, un neonato che diverrà un uomo o una donna a seconda del proprio sesso.

Niente di magico o di misterioso in tutto ciò. Si tratta semplicemente dell'ordinamento intelligente della materia affinché essa si animi nel caso di una creazione, e della combinazione di due ordinamenti nel caso della riproduzione.

Le più recenti esperienze scientifiche hanno d'altronde largamente contribuito a demistificare la creazione della vita, in particolare in occasione della nascita in Inghilterra della prima bambina concepita in laboratorio combinando artificialmente "in vitro" uno spermatozoo ed un ovulo. Quest'ovulo fecondato è stato successivamente reimpiantato nel ventre di una madre "nutrice". Non sorprende che quest'esperienza perfettamente riuscita sia stata fermamente condannata dalle autorità cattoliche, poiché contribuisce a fare della creazione della vita un atto totalmente spogliato del "mistero", questo "mistero" sul quale la Chiesa ha costruito il proprio impero. Ed altre esperienze sono in corso, esperienze che demistificheranno definitivamente le cose. Si può ad esempio citare la clonazione, che consiste nella creazione di un essere vivente a partire dal codice genetico contenuto in una cellula che è stata prelevata da un essere vivente che già esiste. Sembrerebbe che un miliardario americano abbia già avuto un figlio fabbricato grazie ad una delle proprie cellule, senza l'apporto dell'elemento femminile che giunge a modificare il codice genetico del "padre".

Riassumendo, se vogliamo provare a dare un'immagine comprensibile a tutti coloro che hanno fatto un po' di giardinaggio, questa tecnica di clonazione potrebbe essere paragonata ad una riproduzione per mezzo di talee, la riproduzione normale ad una seminagione, e la creazione di una nuova specie attraverso la modifica del codice genetico di una varietà già esistente, ad un "innesto".

La creazione di una nuova specie a partire da semplici componenti chimici non può essere paragonata a niente di simile al piano vegetale.

Per chiudere questo capitolo, conviene anche demistificare un concetto che rischierebbe di lasciare nella vostra mente una zona d'ombra che potrebbe ostacolare un processo di risveglio totale. Si tratta dell'amore, che rischiamo di considerare come un privilegio dell'essere umano che affermerebbe così la sua superiorità sulla macchina.

Ebbene no! Si può benissimo programmare un computer per amare.

Ma demistifichiamo prima di tutto la parola "amore" dietro alla quale si nascondono cumuli di concetti molto diversi fra loro.

In primo luogo, se si intende per "amore" ciò che spinge due esseri di sesso opposto a farsi delle gentilezze allo scopo di giungere all'accoppiamento, è sufficiente, ad esempio, osservare gli uccelli e le loro parate nuziali per accorgersi che gli animali fanno questo molto più artisticamente della maggioranza degli uomini.

Se si intende per "amore" l'atto sessuale in sé, il paragone è ancora più semplice. Ricordiamo ancora una volta che, quando si crea un animale, si dotano i suoi organi sessuali di terminazioni nervose che renderanno l'accoppiamento gradevole. Così, procurandosi piacere, l'animale assicurerà la riproduzione senza generalmente esserne cosciente.

Abbiamo già visto che era molto facile concepire un computer capace di fabbricare altri computer, vale a dire di "riprodursi". Si possono benissimo creare dei computer "sessuati", cioè portatori di un semipiano necessario alla fabbricazione di un altro computer, che necessita la messa in comune di due semipiani da parte dei due computer che hanno dei semipiani complementari.

Si potrebbe benissimo affidare ad uno di essi il semipiano di cui sarà portatore, e lo si potrebbe chiamare "maschio", e far combinare all'altro il semipiano che gli è stato consegnato con quello di cui è portatore per realizzare il nuovo computer, e lo si potrebbe chiamare "femmina"; il computer derivante dall'unione di questi due semipiani sarebbe evidentemente il "figlio".

Conviene ora aprire una parentesi per demistificare il piacere. In effetti, i nostri due computer potrebbero benissimo essere programmati per "accoppiare" i loro rispettivi piani in vista della riproduzione di un nuovo computer fatto a loro immagine. Per fare però in modo che lo facciano abbastanza spesso in modo da "crescere e moltiplicarsi", bisognerebbe dotarli di organi di trasmissione dei semipiani in grado di procurare loro del piacere durante questo atto. Saremo così sicuri di vederli accoppiarsi il più spesso possibile.

Che cos'è il piacere?

Alcuni scienziati, molto di recente, hanno localizzato nel cervello il centro del piacere. Sono anche riusciti, grazie a degli elettrodi, a stimolare questo centro, ed il soggetto "cavia" ha descritto la sensazione che provava come "prossima all'orgasmo". Essi hanno anche potuto provare che è sempre questo stesso centro ad essere stimolato quando un individuo prova un piacere qualunque (godimento sessuale, medaglia per un militare, ricompensa per uno scienziato o uno sportivo, carezze, ecc.).

Dunque, ora si conosce molto bene il centro del piacere e si conoscono esattamente i processi che fanno sì che si provi un godimento qualunque. Si tratta infatti soltanto di scambi chimico-fisici all'interno del cervello che producono scariche elettriche percepite come "piacevoli".

Allo stesso modo, altri tipi di scambi chimico-fisici possono sfociare in sensazioni "sgradevoli". Il cervello è stato programmato per reagire in questo modo ad alcuni stimoli o avvenimenti esteriori. È ciò che governa il nostro comportamento. Noi ricerchiamo ciò che è gradevole e fuggiamo ciò che è sgradevole.

Per ben comprendere questo fenomeno, ritorniamo al nostro robot che, da solo, va a ricaricarsi alla presa elettrica quando i suoi accumulatori sono scarichi. Immaginiamo una semplice lancetta di un contatore che indichi la quantità di elettricità in riserva nella batteria di accumulatori. Accanto a questo contatore, un altro strumento che indichi la quantità di elettricità che sta entrando negli accumulatori quando il nostro robot si collega da sé alla presa elettrica.

Quando le batterie sono quasi del tutto scariche, la lancetta dello strumento giunge quasi al minimo e fa scattare un contattore che segnala al computer, il cervello di questo robot, che è giunto il momento di avvicinarsi alla presa elettrica. Questo segnale è sgradevole come è sgradevole la fame che vi attanaglia il ventre quando si avvicina l'ora del pranzo dopo un giorno di digiuno.

Il nostro robot si dirige dunque verso la presa di corrente e vi si collega. Allora la seconda lancetta si muove ed indica il massimo sul contatore che misura la quantità di corrente che arriva. Un altro contattore lo segnala al computer centrale e questo segnale è sentito come un piacere. Proprio come i primi bocconi di un pasto o le prime carezze che precedono un accoppiamento.

Progressivamente, l'altra lancetta che indica la quantità di corrente accumulata sale verso il massimo e, quando ci arriverà, un altro contattore invierà al computer centrale un impulso elettrico che indicherà che il pieno è stato fatto. Questo impulso verrà percepito come un massimo piacere, proprio come lo è per noi la fine di un buon pasto quando si prova la soddisfazione di aver la "pancia piena", o, più precisamente, l'istante dell'orgasmo sessuale.

Il nostro robot allora si distacca e riparte per lavorare, proprio come faremmo noi dopo un buon pasto o dopo un rapporto sessuale. Perché, per provare piacere nel fare qualcosa, sono necessari dei periodi di digiuno durante i quali si fanno altre cose, poiché i contrasti permettono di migliorare la sensazione di piacere (contrasto tra la fame e il pranzo, tra l'astinenza e il rapporto sessuale, ecc.).

Abbiamo dunque visto cos'è il meccanismo del piacere, e diventa molto facile capire che cos'è l'amore quando lo si fa o lo si prepara: scambi fisico-chimici che producono delle scariche elettriche percepite come gradevoli dal cervello e che non costituiscono in alcun caso una superiorità dell'uomo sulla macchina poiché si può creare un computer che prova le stesse sensazioni.

Tutto ciò che facciamo, lo facciamo perché ci procura del piacere, sia direttamente che indirettamente.

Mangiamo perché ci procura piacere, dormiamo, beviamo, facciamo l'amore, ci laviamo, ci pettiniamo, ecc., perché farlo ci procura piacere. Ma noi paghiamo le nostre tasse perché anche questo ci procura indirettamente del piacere: il piacere di non andare in prigione. La donna che si getta sotto le ruote di un camion per salvare il proprio figlio, lo fa perché le fa piacere. Altrimenti non lo farebbe. Il piacere che prova nel salvare il figlio è più grande del dispiacere che prova nel farsi schiacciare dalle ruote del veicolo. Il kamikaze giapponese si getta con il proprio aereo sulla nave nemica perché prova più piacere all'idea di morire per il proprio paese, che dispiacere all'idea di morire. Altrimenti non lo farebbe. L'altruismo non è nient'altro che una forma di piacere. L'egoismo ne è un'altra. Ma se si considera che la qualità di un piacere è proporzionale al numero di persone alle quali si dà piacere donandosi piacere, l'altruismo è una forma superiore di piacere. Bisognerebbe anche aggiungere che la qualità del piacere è proporzionale alla qualità degli esseri ai quali si dà piacere. Soddisfare una folla imbecille dandole il piacere di ascoltare ciò che le piace, è meno grande che dare piacere ad un solo essere, se quest'ultimo è un saggio o cerca di diventarlo. Fra la folla che reclama del pane e dei giochi, e l'essere che si isola su una montagna per elevare il proprio livello di coscienza, è al secondo che bisogna scegliere di far piacere se si desidera elevare se stessi.

Anche chi consacra la propria vita alla felicità dell'umanità, lo fa perché la cosa gli fa piacere, e se scrivo queste righe, è perché mi fa piacere trasmettervi l'insegnamento che mi è stato affidato.

Abbiamo visto che, anche se nascondiamo dietro alla parola "amore" dei sentimenti detti "nobili" che non hanno niente a che vedere con la sessualità, come l'altruismo ed il sacrificio, essi poggiano sul piacere che provocano in colui che li sperimenta.

Sarebbe dunque molto facile programmare il nostro robot perché sia capace di far passare l'interesse di suo figlio, della sua compagna, del suo gruppo o della sua specie, prima della sua vita. Ancora una volta, si tratta solo di una questione di contatori e di lancette...

E qui abbiamo la prova che questo tipo di amore per gli altri non costituisce una superiorità dell'uomo sulla macchina.

Riassumendo, qualunque sia il concetto che si nasconde dietro la parola amore, esso non costituisce un privilegio dell'uomo ed è riproducibile meccanicamente.

Per terminare spendiamo ancora qualche parola sulla capacità che ha l'uomo di mettersi in armonia con l'infinito che lo circonda e che lo compone.

Anche questa capacità non costituisce una superiorità. Sarebbe molto semplice concepire un computer programmato per essere cosciente dell'infinito, capace di percepire attraverso tutti i sensori di cui abbiamo già parlato, l'infinitamente grande e l'infinitamente piccolo per situarsi meglio ed armonizzare le energie che lo animano.

Questo computer sarà in grado di meditare con i propri sensi.

Sarà così capace di praticare la *Meditazione Sensuale* proprio come faremmo noi. Ancora un'altra non-superiorità dell'essere umano sulla macchina!

Cogliamo qui l'occasione per porre la nostra attenzione sull'etimologia della parola "meditare" che proviene dalla parola latina "meditari", che significa "esercitarsi". Esercitare i propri sensi… è proprio questo lo scopo della *Meditazione Sensuale*.

La Differenziazione Sessuale

Riprendendo l'esempio dei robot maschi e dei robot femmine (i primi sono i donatori del semipiano che manca ai secondi per fabbricare un robot figlio), coloro che hanno difficoltà ad ammettere che non abbiamo niente di superiore alle macchine, potrebbero ancora aggrapparsi alla questione del sapere perché alcuni bambini nascono maschi ed altri femmine. La cosa è molto facile da capire.

È risaputo che nell'essere umano il sesso è definito dallo spermatozoo, cioè dal semipiano dell'uomo, ed oggi si riesce con facilità, nel caso di inseminazioni artificiali, a scegliere il sesso del bambino che si vuole avere, visto che è molto facile differenziare e separare gli spermatozoi maschi da quelli femmine.

Così, quando un uomo trasmette il proprio seme ad una donna, se è uno spermatozoo maschio a combinarsi con il semipiano di cui la femmina è portatrice, l'ovulo, il bambino che nascerà sarà un maschietto e, se è uno spermatozoo femmina, dopo nove mesi nascerà una femminuccia.

Ebbene, per i nostri robot capaci di riprodursi è esattamente la stessa cosa: il robot che chiamiamo robot femmina e che fabbricherà un altro robot, un robot figlio, per farlo deve possedere un piano di fabbricazione. Ma egli possiede soltanto un semipiano che dovrà combinare con un altro semipiano che gli verrà fornito da un robot maschio. È proprio il semipiano fornito da quest'ultimo che definirà il sesso del robot figlio che verrà fabbricato.

Quando il robot maschio "si accoppia" con il robot femmina per trasmettergli un semipiano, in effetti gliene trasmette tutta una serie di cui una metà è costituita da semipiani maschi e l'altra metà da semipiani femmine. Uno solo giungerà a combinarsi con il semipiano che è detenuto dal robot madre, quello che il caso avrà messo al posto giusto, nel momento giusto... proprio come, durante un accoppiamento umano, un solo spermatozoo fra milioni di altri spermatozoi giungerà a combinarsi con l'ovulo.

IV

DEPROGRAMMAZIONE VOLONTARIA

Tutte le nostre reazioni, tutti i nostri comportamenti sono dovuti alla programmazione che abbiamo subito durante tutta la nostra educazione. Fin dal momento in cui siamo venuti al mondo, siamo stati forgiati a nostra insaputa dall'ambiente in cui abbiamo vissuto. Genitori, amici, educatori, giornali, film, ecc., ci hanno condizionati ed hanno fatto di noi ciò che siamo oggi.

Il nostro modo di dormire, di fare la nostra toilette, di mangiare, di vestire, di parlare, di camminare, di giudicare gli altri, tutto, assolutamente tutto nel nostro comportamento, è dovuto a questo condizionamento inconscio che abbiamo subito.

Anche in questo caso, per comprendere bene questo fenomeno, dobbiamo paragonarci ad un computer. Quest'ultimo fa soltanto ciò per cui è stato programmato ed ha in memoria solo ciò che vi è stato inserito. Proprio come noi, con la sola differenza che noi siamo capaci di prendere coscienza di questa programmazione, di analizzarne gli elementi, di eliminare quelli che ci sembrano stupidi e sostituirli con altri. È per questo che siamo dei computer capaci di programmarsi da sé, dunque autoprogrammabili.

Il problema è che noi non siamo stati programmati in base ai nostri gusti ed alle nostre tendenze profonde. Siamo stati programmati da persone che non facevano altro che inculcarci elementi che altri avevano loro imposto senza che potessero rimetterli in discussione. In tal modo gli esseri umani si trasmettono da millenni, di generazione in generazione, un sistema di condizionamento che, con il tempo, si è sovraccaricato di superstizioni, di angosce e di un misticismo tipico di ogni società primitiva.

Il primo stadio del risveglio consiste in una rimessa in discussione di tutti i nostri comportamenti. Dico bene, tutti i nostri comportamenti, a partire dal modo in cui mangiamo, in cui camminiamo, passando attraverso tutte quelle reazioni che siamo abituati ad avere in ogni circostanza, anche quelle che ci sembrano più insignificanti.

Il nostro modo di vestire, ad esempio, non è universale. Avremmo potuto benissimo nascere in Nordafrica e portare una djellaba, o in Africa nera e portare un semplice perizoma. Se quest'ultimo non corrisponde al rigore del nostro clima, il primo potrebbe benissimo adattarvisi. Ma i nostri genitori portavano giacche e pantaloni, nel caso degli uomini, e noi portiamo le stesse cose che portavano loro, anche se non esiste alcuna ragione obiettiva perché debba essere così.

Lo stesso vale per il nostro modo di mangiare: se fossimo nati in Cina mangeremmo con delle bacchette e se fossimo nati in alcune regioni dell'Africa mangeremmo con le nostre dita. L'uso della forchetta non l'abbiamo scelto, ci è stato imposto dalla nostra educazione, anche se intrinsecamente non è proprio la cosa migliore. La cucina cinese, ad esempio, che serve già pietanze tagliate in piccoli pezzi, toglie ogni utilità al coltello. Ma noi, pur sapendolo, continuiamo a servire dei piatti che ognuno deve laboriosamente tagliare.

Prendete in considerazione tutti gli atti che compiete nel corso di una giornata ed analizzateli obiettivamente, chiedendovi perché agite così. Sarete sorpresi di scoprire che esistono solo pochissimi gesti (per alcuni nessuno…) che voi compiete perché avete scelto di agire in un dato modo, contrariamente a ciò che facevano i vostri genitori.

Certo, non tutto quello che ci è stato insegnato durante la nostra educazione è sbagliato, ed alcuni elementi sono da mantenere inalterati. La cosa davvero importante consiste nel prendere coscienza di ciò che facciamo quando facciamo qualcosa.

L'operazione diverrà più delicata quando analizzeremo le nostre reazioni di fronte alla personalità o alle azioni degli altri. Mangiare con delle bacchette o indossare una djellaba si rivela spesso divertente per il fascino che esercita il carattere esotico di queste azioni. Ma quando si è stati condizionati a detestare gli Arabi o a burlarsi degli omosessuali, diventa infinitamente più difficile cercare di comprenderli per accettarli così come sono.

Quante volte, da quando esistiamo, abbiamo sentito parlare male degli Arabi ascoltando persone che consideravano inferiore questa razza solo perché i nostri antenati l'avevano dominata con la violenza? Così tante volte che, un giorno, anche noi abbiamo iniziato a ripeterlo. Quante volte abbiamo sentito parlare degli omosessuali come di persone viziose ed anormali, ascoltando persone che stavano male nella propria pelle ed avevano una gran paura di questa diversità perché rischiava di far loro scoprire una tendenza troppo a lungo soffocata? Così spesso che anche noi siamo giunti a ripetere le stesse stupidaggini.

L'uomo risvegliato si arricchisce a contatto con le differenze che costituiscono la personalità dell'altro. L'essere limitato atrofizza il proprio cervello nel lottare contro queste stesse differenze che non potrà in ogni caso sopprimere, ripetendo i luoghi comuni che gli sono stati inculcati a sua insaputa.

Si tratta dunque di togliere dal nostro cervello tutte le idee che abbiamo ricevuto da coloro che ci hanno forgiato, e di iniziare a scegliere: "quella mi sembra buona per questa o quella ragione: la conservo; questa mi sembra cattiva: la elimino". I criteri di scelta delle idee da conservare non devono essere legati all'opinione che i nostri educatori avevano dei soggetti in questione, ma all'idea che ce ne facciamo noi dopo esserci informati in modo indipendente.

Questo lavoro sarebbe inutile se ci si accontentasse di dire: "quest'idea è buona perché i miei genitori la pensavano così". Si tratta invece di guardare con sospetto proprio quelle idee che si sono radicate in noi e che sono identiche a quelle dei nostri educatori. Ad esempio, che si tratti di Arabi o di omosessuali, è prima di tutto necessario incontrarne uno senza avere idee preconcette, aprirsi al suo ragionamento cercando di comprenderlo, ed in seguito, ma solo in seguito, farsi un'opinione. Non dobbiamo però limitarci a ciò che caratterizza il solo soggetto che abbiamo potuto incontrare. Dobbiamo cercare di chiarire il problema attraverso le grandi linee dei discorsi che ha fatto.

Ma laddove questa rimessa in discussione è più essenziale per sperare di elevare il nostro livello di coscienza, è nel campo della nostra sessualità e della nostra concezione dell'amore.

Amore o Egoismo

Ci hanno inculcato una concezione dell'amore che sottintende la proprietà assoluta e definitiva, lasciataci in eredità da millenni di paura e di angoscia. Questi concetti provengono da epoche in cui si attaccava un villaggio per impadronirsi di oggetti d'oro, di cavalli e... di donne. Tutte queste cose erano considerate dei beni che, nell'evenienza, potevano essere scambiati senza il minimo scrupolo.

Dopo aver riconosciuto che, se l'uomo aveva un'anima, anche la donna doveva averne una (la Chiesa ne ha a lungo dubitato), dopo averle accordato il diritto di voto (meno di un secolo fa ed ancora non dappertutto), ancora oggi non viene riconosciuto alle donne il diritto di disporre liberamente del proprio corpo, rifiutando loro, ad esempio, il diritto di non dare la vita se esse non lo desiderano (condanna dell'aborto e della contraccezione da parte della Chiesa e di alcuni governi).

Ancor meglio, se si uccide qualcuno che non si ama per rubargli del denaro, si può subire una condanna all'ergastolo o alla pena di morte. Ma se si uccide qualcuno che si pretende di "amare", in quello che viene chiamato un crimine "passionale", è possibile cavarsela con cinque anni di prigione!

Questo vuol dire che noi viviamo in una società che incoraggia i propri membri ad uccidere coloro che essi amano e a lasciar vivere quelli che non amano...

Il semplice fatto di pensare che si possa uccidere qualcuno che si pretende di amare, prova che abbiamo una concezione assai singolare dell'amore. Infatti coloro che la pensano così, confondono amore ed egoismo, che invece sono due cose molto diverse e incompatibili fra loro. In effetti, chi ama veramente pensa soltanto a dare, e chi ama solo se stesso, l'egoista, pensa soltanto a prendere.

L'egoista ha paura che il proprio partner provi più piacere con qualcun altro. Ha paura di essere abbandonato perché ciò lo priverà del piacere al quale è abituato, perché la cosa più importante per lui è il proprio piacere personale.

Chi ama veramente desidera che il proprio partner incontri qualcuno che gli dia ancora più piacere, poiché la cosa che per lui è più importante è la felicità dell'altro.

L'egoista sorveglia il proprio partner per evitare il rischio che incontri qualcuno che gli dia piacere.

Chi ama veramente facilita i contatti del proprio partner con delle persone che corrispondono ai suoi gusti.

Il partner dell'egoista, se incontra qualcuno che gli dà del piacere, avrà l'impressione di rubare questa felicità e la troverà ancora migliore, come un frutto proibito. Avrà quindi tendenza ad attaccarsi ancor più al suo nuovo complice.

Il partner di chi ama veramente, se incontra qualcuno che gli dà molto piacere, sarà riconoscente verso il proprio partner abituale che lo ha incoraggiato a vivere con qualcun altro dei momenti meravigliosi. E, nella maggior parte dei casi, essi si ritroveranno arricchiti da questa nuova esperienza.

E se veramente l'altro incontra qualcuno che lo soddisfa di più, la persona che ama veramente sarà ricolma di felicità all'idea che l'essere amato sia più felice di prima, anche se lo è con qualcun altro.

L'egoista, invece, preferisce custodire il "proprio bene", preferisce che il proprio compagno sia infelice con lui piuttosto che felice altrove. E, se ciò accade, prende un fucile per sopprimere "l'essere amato"... poiché preferisce che l'individuo che pretende di amare sia morto, piuttosto che felice con qualcun altro. Non riesce a vedere la felicità del proprio partner... vede solo il piacere che prova un estraneo con il corpo della persona che gli appartiene. Proprio come un cane non sopporterà che un altro cane si avvicini al suo osso, anche se non è affamato. Mostrerà i denti ed andrà a sotterrare il proprio bene. Esattamente come l'egoista. Poiché per quest'ultimo il partner è esattamente come l'osso per il cane. Conta solo il piacere che ne trae e preferisce sopprimerlo, piuttosto che vedere beneficiarne qualcun altro.

Ma per meglio comprendere il processo che porta al flagello della gelosia, che è soltanto una forma di egoismo, ritorniamo ai nostri robot auto-programmabili.

Abbiamo visto come sia molto facile creare una specie di robot "sessuati", ognuno dei quali, in vista dell'accoppiamento, possiede un semipiano. Accoppiandosi, potranno creare un piano completo che permetterà alla "femmina" di fabbricare un "figlio". Abbiamo anche visto come, per stimolare i nostri robot a riprodursi, fosse sufficiente rendere l'accoppiamento molto piacevole, dotando i loro organi sessuali trasmettitori e recettori di semipiani, di terminazioni nervose che rendono questo accostamento generatore di piacere.

I nostri robot, essendo auto-programmabili, possono modificare la propria programmazione in funzione della propria esperienza personale, il che fa sì che essi acquisiscano delle personalità estremamente diverse, generate anche dalle differenze che sono state trasmesse loro dai genitori.

Quando un robot "maschio" incontra un robot "femmina" per la prima volta, essi fanno conoscenza, cioè scoprono vicendevolmente una parte del programma dell'altro e, se si piacciono, cioè se le loro programmazioni li hanno condotti ad una certa armonia "spirituale", possono decidere di soddisfare il desiderio sessuale che sentono crescere in loro ed accoppiarsi.

In seguito possono decidere di vivere insieme, al fine di poter provare il più spesso possibile il piacere che hanno sperimentato nell'unirsi.

Poi, un giorno, uno dei nostri partner incontra un altro robot la cui programmazione apparente, lo "charme", o... la forma della sua carrozzeria, lo attira fortemente. È qui che il compagno abituale della nostra macchina si trova di fronte alla scelta fra due comportamenti: desiderare che l'arricchimento del programma del partner si compia anche con un altro e incoraggiarlo, o proibire a quest'ultimo ogni contatto con altri robot del sesso opposto.

Se adotta il secondo comportamento, è solo perché è stato

programmato a farlo. Egli altrimenti non potrebbe certo considerarsi come il proprietario di un'altra entità che non ha nulla a che vedere con il proprio organismo.

Come potrebbe un essere che ne incontra un altro tra i miliardi che popolano il suo pianeta, dirsi all'improvviso: "ecco il solo individuo con il quale, d'ora in poi, avrò dei rapporti intimi; ed anche se ne incontrerò altri che mi sembreranno corrispondere meglio ai miei gusti, resterò fedele al primo per la sola ed unica ragione che il caso ha voluto che fosse il primo". Ecco riassunto il concetto di "fedeltà".

È d'altronde sorprendente constatare come in numerosi paesi che subiscono ancora i postumi delle civiltà primitive, le donne siano ancora considerate come una mercanzia che è possibile acquistare. Se nei paesi occidentali è il padre che fornisce una dote affinché la propria figlia trovi uno sposo interessato, in questi paesi è lo sposo che deve offrire al padre della ragazza animali d'allevamento o altri doni.

Questa miscela fra commercio e rapporti umani è scandalosa. È potenzialmente generatrice di sentimenti di proprietà che possono condurre allo schiavismo. Se è vero che è invitante considerare come proprietà personale un altro essere umano solo perché ci si è abituati alla sua presenza, è anche vero che questo accadrà a maggior ragione se abbiamo "pagato" per ottenere una compagna.

Gli esseri risvegliati non solo non temono di perdere il proprio partner incoraggiandolo a vivere tutte le esperienze che lo tentano, ma, al contrario, si ritrovano arricchiti e si riavvicinano quanto più la loro sensibilità migliora al contatto con persone che hanno una personalità diversa.

Anche in questo caso il contrasto è fattore di sboccio.

Tutto questo non significa che sia assolutamente necessario forzarsi a cambiare partner per avere qualche probabilità di risvegliarsi. Si può benissimo avere l'immensa fortuna di avere un complice che sappia essere sempre diverso, pur restando lo stesso, e che sappia apportare nei rapporti con il partner quella fantasia che è indispensabile per sfuggire alle abitudini che sono le nemiche mortali dell'amore. Allora lo sboccio di ognuno dei partner potrà proseguire in uno scambio permanente di informazioni. Essi potranno in tal modo beneficiare delle scoperte e delle riflessioni dell'altro, migliorando reciprocamente la loro sensualità e, di conseguenza, il loro livello di risveglio.

Ma, anche se non si tratta di forzarsi a vivere con altri delle esperienze che si vivono molto più intensamente con il proprio compagno, è necessario che l'insieme, l'organismo composito che si forma con quest'ultimo, sia un'entità totalmente aperta sull'esterno. Quest'entità deve essere permanentemente pronta al fatto che ognuno degli individui che la compongono abbia dei rapporti intimi con una terza persona, ed ognuno deve comprendere che l'arricchimento dell'altro lo arricchirà.

Il risveglio è il miglioramento permanente delle proprie facoltà di comunicazione con l'ambiente esterno e delle proprie capacità di analizzare e di collegare le informazioni che ci vengono trasmesse dai nostri sensi.

La parola "intelligenza", d'altronde, significa etimologicamente proprio questo, poiché deriva dal latino "intelligere" che significa "legare tra loro le cose" ("ligare" significa "legare"). Il risveglio è dunque un miglioramento della propria intelligenza, della propria capacità di comprendere, e quest'ultima parola proviene dal latino "comprehendere" che significa "afferrare insieme", "prendere insieme".

È interessante anche cogliere l'occasione per notare come la parola "coscienza" provenga dal latino "conscientia" che significa "conoscenza". Dunque, elevando il proprio livello di coscienza, si eleva il proprio livello di conoscenza dell'infinito che è in noi e che ci circonda.

Questa elevazione permette all'infinitamente piccolo che è in noi e all'infinitamente grande nel quale noi siamo, di "conascere" in noi .

L'ABITUDINE ATROFIZZANTE

L'abitudine, invece, atrofizza progressivamente i meccanismi di percezione degli avvenimenti. La prima volta che si passa in una strada dove abbiamo appena affittato un appartamento, si è attenti a tutto. Le musiche, i colori, le vetrine, le persone che incrociamo per strada, tutto ci sembra interessante. Nel giro di qualche giorno cominciamo a compiere il tragitto che da questa strada ci conduce al nostro posto di lavoro, con in testa le nostre preoccupazioni personali, percependo molto meno l'atmosfera del quartiere. Poi, col tempo, finiremo per compiere questo spostamento come dei sonnambuli, senza praticamente percepire nulla del nostro ambiente. Potremmo quasi rientrare a casa leggendo il giornale. Questa è abitudine.

E quando ci comportiamo così con un partner, atrofizziamo progressivamente la nostra capacità di comunicare con ciò che ci circonda e sminuiamo la nostra intelligenza.

E così si giunge a stare accanto all'essere che abbiamo incontrato ed il cui sguardo luminoso ci aveva profondamente colpito, proprio come la sua voce affascinante ed il suo inebriante profumo, senza quasi notare che esiste. A forza di mangiare le stesse cose allo stesso modo, di portare gli stessi vestiti, di fare l'amore alla stessa ora e nella stessa posizione, iniziamo ad agire meccanicamente, lasciando che la quantità di piacere che traiamo dalle nostre azioni diminuisca sempre più.

Eppure basterebbe poco per cominciare a riscoprire il piacere di meravigliarsi di fronte alla vita che viviamo, di fronte ad ognuno di questi istanti che passano e che non rivivremo mai più.

È veramente sorprendente constatare come l'atrofia progressiva delle facoltà di un individuo che si lascia invadere dall'abitudine, sia del tutto comparabile alla diminuzione graduale dell'entusiasmo di una popolazione che si lascia soffocare dalle proprie tradizioni. Le tradizioni sono le abitudini collettive ed è necessario lottare tanto contro le proprie abitudini quanto contro le tradizioni.

Ecco perché, se si vuol avere la possibilità di giungere al massimo livello di risveglio, bisogna condurre una vita che comporti un massimo di contrasti.

Contrasti visivi, auditivi, tattili, olfattivi e gustativi, ma anche contrasti sessuali, intellettuali, in breve, in tutti i comportamenti, per fare della nostra vita un'opera d'arte totalmente originale e piena di fantasia, nel senso etimologico della parola, poiché "fantasia" proviene dal greco "phantasia" che significa "apparizione" o "immaginazione". L'immaginazione è evidentemente l'apparizione di immagini nel cervello, apparizione prodotta volontariamente dalla combinazione di elementi conosciuti ma che non hanno in origine alcun rapporto fra loro e che si trovano legati dall'intelligenza ("intelligere").

Ma perché questi contrasti producano in noi tutti gli effetti che sono in grado di generare, è necessario che ognuno degli elementi successivi che li creano vengano percepiti intensamente, affinché non ci sfugga alcuna loro sfumatura. Ecco perché ogni istante della nostra vita deve essere vissuto pienamente. È necessario, come diceva il poeta (ed "il poeta ha sempre ragione poiché vede più in alto dell'orizzonte"...) "cogliere l'attimo". Vivere ogni secondo come se fosse l'ultimo, con tutte le cellule del proprio corpo ed in particolare con quelle che compongono i sensori attraverso i quali prendiamo coscienza di ciò che ci circonda.

È sorprendente constatare che, quando un essere che ci è caro muore, ripensiamo ai momenti che abbiamo vissuto al suo fianco rimpiangendo di non avergli dimostrato maggiormente il nostro attaccamento, di non avergli dato più amore. Solo la morte ci permette di prenderne coscienza e di renderci conto che questa negligenza è irreparabile.

Più un essere ha un basso livello di coscienza, più è disperato per la morte di una persona amata. Questo perché non ha vissuto intensamente i momenti passati insieme e si rende improvvisamente conto che è troppo tardi per farlo.

Un essere risvegliato, al contrario, non prova alcun dolore di fronte alla morte di un essere caro, poiché sa di aver approfittato di ogni secondo che ha condiviso con lui e di avergli dato tutto l'amore che poteva dargli. Sa che non avrebbe potuto fare di più per renderlo felice.

Questa intensa emozione, la si percepisce anche nel momento della partenza per un viaggio di qualcuno a cui si tiene. Non si dice forse che "partire è un po' morire"? Questo perché, in quel momento, si prende coscienza che la persona amata potrebbe benissimo scomparire durante il suo viaggio e che potremmo non rivederla più. Allora cogliamo pienamente quest'ultimo istante vissuto al binario di una stazione, e ci sentiamo pieni di rimpianto per non aver colto altrettanto intensamente tutti gli istanti passati durante i giorni che abbiamo vissuto in sua compagnia.

È interessante anche constatare che questa mancanza di percezione degli istanti che passiamo con l'essere amato, è responsabile di alcune reazioni di gelosia che possiamo avere. In effetti, quando il nostro partner ci annuncia che ci vuole lasciare, ripensiamo improvvisamente a tutti gli istanti in cui avremmo potuto dargli molto più amore e che noi abbiamo trascurato, lasciato passare senza viverli intensamente. Allora desideriamo ricominciare da zero e proviamo a comportarci diversamente con lui. Poi, dopo queste belle promesse, ricadiamo nella routine e nell'abitudine fino a che la separazione diviene inevitabile. E sentiamo questa separazione come un fallimento perché ci mette davanti agli occhi la nostra incapacità di vivere come vogliamo, costantemente coscienti dei nostri atti, dando il massimo d'amore all'essere amato. E pensare che tutto ciò sarebbe possibile se noi vivessimo davvero intensamente ogni istante; questo non per il fatto di avere vicino a noi un'altra persona, ma semplicemente per il piacere di non perdere nulla dei momenti che passano.

Cogliere l'attimo

Dobbiamo vivere intensamente ogni istante soltanto per il piacere di vivere intensamente ogni istante.

È per questo che l'essere risvegliato accetta con gioia le separazioni, perché sa che in ogni momento ha dato il meglio di sé. Sa di aver gioito pienamente dell'essenza di ogni secondo e di gioire con altrettanta intensità anche dei minuti che compongono questa separazione. Questi ultimi istanti sono ricchi della partenza di un essere al cui risveglio egli ha contribuito e che porterà ad altri i benefici della propria radiosità.

Il mondo nel quale viviamo è responsabile di un abbassamento del livello di coscienza che diventa particolarmente doloroso per ciò che riguarda la percezione del tempo che passa. Si è adolescenti senza aver visto passare la propria infanzia, poi ci si ritrova sposati con dei bambini senza aver visto passare l'adolescenza, e si scopre di essere vecchi senza aver visto passare la propria vita. E si ha sempre l'impressione di non aver fatto ciò che avremmo voluto fare, di non aver gioito pienamente delle soddisfazioni tipiche di ogni età. Allora la disperazione e la solitudine ci ricoprono con il loro velo scuro ed iniziamo a detestare i giovani, pensando che essi conoscano gioie che noi non abbiamo mai provato. Ancora e sempre la gelosia…

Invece sarebbe sufficiente fare una pausa di qualche istante per spezzare questo ritmo ininterrotto che ci conduce come pecore dalla nascita alla morte, al fine di vivere in modo diverso il tempo che passa.

Saltiamo da un'occupazione all'altra senza gioire di una sola di esse, in una specie di fuga in avanti in cui ci rallegriamo di ciò che faremo in seguito senza essere coscienti di ciò che stiamo facendo nel momento presente. Immaginiamo con gioia ciò che faremo la sera rientrando dal lavoro e, quando siamo a casa, accendiamo la televisione. Se il programma è mediocre, lo guardiamo lo stesso, pensando con piacere a quello che vedremo il giorno successivo. Ed il giorno dopo ricominciamo. La stessa cosa vale per le nostre vacanze annuali. Sono sempre quelle che verranno ad essere di certo le più belle e, mentre le viviamo, diciamo: "È stato meglio l'anno scorso". E ricominciamo ad aspettare le prossime…

Mentre la nostra compagna aspetta un figlio, lo immaginiamo quando inizierà a giocare con noi e porci delle domande e, quando ha raggiunto l'età per farlo, gli diciamo di tacere e di andare a dormire. Così, un bel giorno, ci ritroveremo vecchi senza esserci concessi il tempo di vivere quegli istanti che sono ormai definitivamente passati.

Ed è invece così facile arrestare il susseguirsi incosciente degli avvenimenti per iniziare a gioirne pienamente: è sufficiente aprire i propri occhi, le proprie orecchie e tutti i propri sensi e prestare un po' d'attenzione a ciò che ci circonda. È sufficiente ricollocarsi nel tempo che ha fatto di noi ciò che siamo e che ci ha posti là dove siamo.

Questo riposizionamento nel tempo lo si deve effettuare

rivivendo tutti i fatti rilevanti della nostra esistenza, a partire dall'infanzia, il più indietro possibile, per ritrovare i visi, le voci, gli odori delle persone che abbiamo conosciuto quando eravamo piccoli. Dobbiamo cercare di rivivere quelle scene che sono rimaste impresse da qualche parte nei nostri neuroni. Ricordare poi i professori che, in un passato più recente, ci hanno marcato, le nostre prime carezze, i nostri primi innamoramenti, il nostro primo lavoro, ecc. Allora riscopriremo progressivamente il cammino che ha fatto di noi ciò che siamo, collegheremo fra loro tutti gli avvenimenti che ci hanno forgiato per fare di noi l'individuo che oggi conosciamo.

A partire da questo momento, ci basterà osservare la vita che conduciamo e decidere se è davvero quella che ci piacerebbe vivere. In caso contrario, ci fisseremo degli obiettivi per fare in modo che essa lo divenga.

Dopo aver creato questo legame tra il nostro passato e l'avvenire come noi lo desideriamo, non ci resterà che vivere ogni istante con intensità, coscienti che potrebbe essere l'ultimo.

Per vivere pienamente un'esperienza è sufficiente essere coscienti, nel momento stesso in cui la viviamo, della gioia che provavamo durante l'attesa e del piacere che proveremo quando ce ne ricorderemo.

Qualcuno ha detto "il miglior momento nell'amore è quando si salgono le scale". Questo vale per gli esseri mediocri. Facendolo, bisogna essere coscienti della gioia che abbiamo provato nel salire le scale e del ricordo che ne conserveremo, per far sì che l'atto stesso ci dia ancora più piacere della sua attesa o della sua rimemorizzazione.

D'altra parte, questa tecnica consente anche di ottenere una migliore memorizzazione dell'avvenimento vissuto. Questo ci permetterà di riviverlo semplicemente ripensandoci, con un'intensità grande quasi come quella del momento in cui l'avvenimento si era prodotto.

Infine, per restare nel campo della sessualità che è fondamentale nello sboccio di un individuo, non è possibile non parlare della masturbazione.

La Masturbazione: Una Tappa Indispensabile

Le capacità di migliaia di giovani sono state castrate da chi ha impedito loro di scoprire, attraverso l'auto-erotismo, che il corpo poteva procurare piacere, o che li ha colpevolizzati al massimo grado associando queste carezze al male, a qualcosa di "contro natura" e persino al pericolo. A lungo si è detto a coloro che si dedicavano alla masturbazione, che questa pratica rischiava di renderli ciechi, paralitici, o pazzi...

Quelli che hanno osato dire simili sciocchezze a degli adolescenti che stavano entrando in un periodo di ipersensibilità dovuta a importanti mutazioni fisiche e ormonali, sono soltanto dei criminali. Quanti dei loro figli sono stati trasformati in complessati a vita, maniaci, impotenti o frigide?

Ora che la scienza ha potuto dimostrare che la masturbazione non solo non presenta nessuno dei pericoli che gli oracoli medievali annunciavano, ma che essa è invece indispensabile ad uno sviluppo armonioso dell'individuo in un periodo critico di scoperta del proprio corpo, è tempo di denunciare apertamente tutti quelli, Chiesa in testa, che hanno divulgato simili sciocchezze colpevolizzanti.

Per un adolescente il fatto di scoprire improvvisamente che il suo sesso gli procura immense sensazioni di piacere, è un fatto fondamentale nel suo sviluppo. Un senso di colpa creato dall'ambiente in cui vive, non gli impedirà in alcun caso di continuare ad accarezzarsi. Egli lo farà però in uno stato mentale conflittuale in cui l'individuo in questione comincerà a provare dapprima disgusto per le proprie tentazioni, poi, dopo essersi arreso al desiderio, anche per il proprio corpo. Egli conserverà per tutta la vita i postumi di questo disgusto. Quelli che ne risulteranno più profondamente squilibrati, saranno coloro, molto rari, che saranno intimamente persuasi della necessità di una "astinenza" da questa auto-erotizzazione chiamata onanismo o masturbazione. Essi se ne asterranno al prezzo di enormi sforzi contro se stessi che li trasformeranno in individui aridi e freddi. La loro sensibilità verrà sminuita in proporzioni enormi, con tutte le conseguenze che ne deriveranno tanto sul piano fisico che psichico.

È necessario aggiungere a tutti questi bambini gravemente traumatizzati da sensi di colpa riguardo a reazioni del tutto naturali, anche tutti coloro che, senza aver subito un tale trattamento, non sono stati adeguatamente informati dai genitori che non osavano affrontare il problema e che si accontentavano di dire "che non si deve parlare di tutto ciò che riguarda il sesso e la sessualità". In generale si tratta di genitori anch'essi male informati, vittime di un'educazione mistico religiosa che identifica il corpo con il male e lo "spirito" con il bene.

Ma tutti quelli che hanno dovuto subire un'educazione colpevolizzante o che hanno avuto la fortuna di dover risolvere soltanto il problema di svegliarsi da sé senza poter contare sulle spiegazioni di genitori troppo pudichi per dedicare un po' di tempo ad aiutare la propria progenie a comprendere ciò che stava accadendo, tutti questi, ed è importante soprattutto per i primi, possono ora, qualunque sia la loro età, riapprendere ad amare il proprio corpo e le sue reazioni. Riapprendere ad amare il proprio sesso ed il piacere che quest'ultimo può dare loro in tutta libertà e senza il minimo senso di colpa. Meglio, avendo coscienza di rivivere l'adolescenza di cui sono stati privati, di rivivere questa scoperta così importante, la scoperta dell'auto-erotismo, dimenticando tutto ciò che hanno subito.

Se questa rinascita nei confronti del proprio sesso è importante per gli uomini, lo è ancor più per le donne, poiché, come ha detto Betty Dodson nel suo meraviglioso libro "L'orgasmo al femminile": "La masturbazione è l'attività sessuale di base. Tutto ciò che noi facciamo d'altro, è soltanto la socializzazione della nostra vita sessuale".

D'altra parte quest'opera, grazie ad illustrazioni molto ben realizzate, aiuta le donne a prendere coscienza della bellezza del proprio sesso che una società a predominanza maschile ha sempre svilito e sporcato.

La prima cosa da fare, per rivivere l'adolescenza di cui ci hanno privato, è amare tutto il nostro corpo, anche e soprattutto la parte che è in grado di darci il piacere più grande, e poi imparare a scoprire e a migliorare la propria conoscenza di quest'organo per aumentare la qualità del godimento che possiamo trarne.

Il miglior modo per scoprire e conoscere il funzionamento del nostro sesso e le carezze che generano nel nostro cervello le più forti sensazioni di piacere, è proprio quello di sperimentarle da sé. Nessuno meglio di noi stessi potrà dirigere le nostre dita esattamente nei punti che ci soddisfano di più e che non per tutti sono gli stessi.

Solo allora potremo informare i nostri partner dei nostri gusti in materia, affinché ci facciano ciò che più ci piace. Ma per insegnare agli altri ciò che ci piace, è necessario prima di tutto conoscere se stessi.

Se la nostra sensualità è il legame che ci collega all'infinito che ci circonda, l'auto-erotismo è uno dei modi più efficaci per partire nell'esplorazione dell'interno del nostro computer, spingendo sulla leva che fa scattare in lui la reazione fisica di liberazione dei "semipiani" negli uomini e della recettività dell'organo di incontro dei "semipiani" nelle donne.

È parimenti molto importante che coloro che vivono in coppia scoprano insieme queste capacità di auto-erotizzazione. Esse d'altronde potranno essere più forti proprio in ragione della presenza del corpo dell'altro.

Anche su questo piano, il nostro mediocre-egoista non può ammettere che la propria compagna si abbandoni alla masturbazione in sua presenza, poiché l'essere che serve solo a dargli piacere inizia a darsene in modo autonomo. Questo gli risulta inaccettabile. A cosa serve dunque la virilità di cui va così fiero e nella quale ripone la sua sola incontestabile superiorità sulle donne?

L'egoista è geloso anche della stessa mano del proprio partner.

L'essere risvegliato, al contrario, si rallegra di vedere la persona che ama essere felice e scoprire i meccanismi profondi del proprio piacere.

Una volta compiuta questa distruzione delle idee ricevute riguardo alla sessualità, che è la base, la radice dell'albero del nostro sboccio, possiamo iniziare a ripensare allo stesso modo a tutti i nostri comportamenti, e questo in tutte le direzioni ed in tutti i campi della nostra vita e dell'ambiente in cui viviamo.

Dopo aver effettuato questo grande bucato di primavera che è costituito dalla rimessa in discussione di tutto ciò che forma la nostra personalità, allora possiamo passare allo stadio successivo. Dobbiamo però sempre ricordare, durante tutta la nostra esistenza, che ogni volta che ci troveremo di fronte ad un problema al quale non abbiamo mai riflettuto autonomamente, dovremo procedere allo stesso modo, al fine di avere una reazione che rifletta davvero il nostro pensiero.

Fare Il Vuoto

Quando è terminata questa prima giornata di rimessa in questione della propria personalità apparente, allora è utile affidarsi al primo esercizio, che consiste nel fare il vuoto in sé, nello scacciare tutte le idee contrastanti che convivono nella nostra mente e generano in essa delle tensioni, mettendo a dura prova il nostro equilibrio.

È sufficiente sedersi a terra, con le gambe incrociate o assumendo una qualunque altra posizione confortevole, e respirare profondamente per dodici minuti circa, concentrandosi sulla propria respirazione ed unicamente sulla propria respirazione.

Poi ci si concentra sul fatto di non concentrarsi su niente. Si tratta di scacciare dalla propria mente ogni idea, qualunque sia e, con l'allenamento, giungere a non far sorgere alcun pensiero, anche quello di non averne alcuno.

Abbiamo visto in precedenza come il cervello non sia altro che un computer percorso in tutti i sensi da correnti elettriche. Ebbene, quest'esercizio ha lo scopo di equilibrare queste correnti al fine di ottenere la calma e la serenità. Dopo qualche minuto di questa pratica, si è pronti ad agire o a riflettere molto più efficacemente.

Durante questa ricerca del vuoto assoluto, è importante separarsi totalmente dal mondo esterno, come anche dal proprio mondo interiore.

L'obiettivo è quello di tentare di diventare "vegetale" per qualche istante, forse ancora più vegetale dei vegetali, visto che è provato che i vegetali percepiscono il proprio ambiente. Si potrebbe quasi dire che si tratta di diventare "minerale".

Nessun rumore, nessun movimento di qualunque essere vivente o cosa, nessun odore, nessun suono è percepito da chi fa il vuoto. È possibile eseguire quest'esercizio anche in mezzo ad una folla rumorosa in una via animata. D'altra parte, è un esercizio utile soprattutto a coloro che vivono o lavorano in un ambiente rumoroso.

Ci si pone in qualche modo in uno stato di digiuno sensoriale. E questo digiuno, come tutti i digiuni, è volto a farci in seguito apprezzare meglio la percezione di ciò di cui ci si è volontariamente privati.

È decisamente utile, prima di iniziare un processo di risveglio, fare una giornata di digiuno sia sensoriale che alimentare, accontentandosi di bere molta acqua naturale allo scopo di purificare il proprio organismo.

Per giungere ad avere in permanenza un nuovo stato mentale, è di capitale importanza prendere coscienza che noi non compiamo mai azioni personali, ma abbiamo sempre e soltanto reazioni. La sola azione personale che noi possiamo compiere è quella di non avere delle reazioni.

Tutto ciò che noi facciamo durante la nostra vita, e che scambiamo per azioni, è in effetti solo una successione di reazioni.

Il semplice fatto di nascere non è altro che la reazione di un accoppiamento che si è prodotto nove mesi prima fra i nostri genitori. Poi abbiamo gridato perché avevamo fame, avevamo fame perché avevamo consumato dell'energia per esistere, ecc. Voi ora state leggendo questo libro, e anche questo atto è soltanto una reazione, sia ad una pubblicità sia ad un interesse nei confronti di questo soggetto. E anche l'interesse per questo soggetto è stato solo una reazione ad un'educazione data o una reazione contraria a quest'educazione. Potremmo così risalire attraverso tutte le nostre azioni fino alla nostra nascita, poi fino a quella dei nostri genitori, risalendo così fino ai primi uomini che sono stati creati. Ed anch'essi sono stati creati soltanto grazie ad una reazione dei nostri creatori che erano giunti ad un livello di conoscenza scientifica che permise loro di aver voglia di fare questa esperienza. I quali creatori sono vissuti solo per una successione di reazioni, ecc. Potremmo continuare all'infinito questa riflessione, che è anch'essa soltanto una reazione. Tutto questo, d'altra parte, contribuisce a farci prendere coscienza dell'infinito.

Io stesso sto trasmettendovi quest'insegnamento per reazione all'incontro con questi extraterrestri che ci guidano e che mi hanno chiesto di farlo.

Così, quando si prende coscienza della catena infinita delle reazioni che abbiamo avuto da quando esistiamo e che noi scambiamo per azioni, comprendiamo l'importanza che risiede nell'essere sempre pienamente coscienti delle reazioni che scegliamo di avere.

Quando un individuo ci urta o ci insulta per strada ed ha voglia di battersi con noi, si aspetta che noi abbiamo il tipo di reazione che egli desidera. Reagendo con altri insulti, abbiamo proprio la reazione che si attende da noi per potersi comportare in modo violento. Se invece ci rifiutiamo di reagire ai suoi insulti e continuiamo il nostro cammino, in questo caso, compiamo un'azione propria, che consiste nel rifiutarci di avere una reazione.

Quando facciamo l'esercizio che consiste nel fare il vuoto, entriamo in un processo di azione propria, rifiutando ogni reazione tanto al nostro ambiente quanto ai nostri pensieri.

Chi avvia questo processo sfugge al ciclo ininterrotto delle reazioni incoscienti successive e, di conseguenza, inizia ad elevare il proprio livello di coscienza.

V

RIPROGRAMMAZIONE VOLONTARIA

Scoprire i propri veri gusti

Dopo esserci volontariamente deprogrammati ed aver fatto il vuoto assoluto, possiamo risvegliare il nostro essere al suo ambiente immediato, e poi all'infinito che lo ingloba, attraverso ciò che lo collega a tutto questo: i sensi.

"Hanno occhi ma non vedono, hanno orecchie ma non sentono", ecco la descrizione delle persone che ci circondano ed alle quali noi assomigliavamo prima di questa presa di coscienza.

Esattamente come quando, alla nostra nascita, abbiamo scoperto il mondo nel quale siamo stati proiettati all'improvviso. Attraverso il tatto, il gusto, l'odorato l'udito ed infine la vista, rinasceremo progressivamente a tutto ciò che ci circonda, ma questa volta in modo del tutto cosciente.

Il fatto di sviluppare la nostra sensualità ci farà scoprire che, in realtà, non ci piacciono alcune cose che prima credevamo ci piacessero solo perché vi eravamo abituati a causa del nostro condizionamento. Scopriremo anche che ci piacciono molte altre cose che pensavamo di detestare, perché la nostra educazione non ci aveva dato l'occasione di gustarle.

Il funzionamento dei nostri sensi riposa sulla percezione dei contrasti: contrasto fra le temperature o le rugosità per il tatto, fra i sapori per il gusto, fra i profumi per l'odorato, fra i suoni per l'udito e fra le forme ed i colori per la vista.

Sviluppare la nostra sensualità significa sviluppare la nostra facoltà di percezione sensoriale delle differenze, e soprattutto degli effetti che queste ultime producono in noi.

L'essere mediocre non percepisce, con il gusto, le enormi differenze che esistono fra gli alimenti che ingurgita a tutta velocità. Del resto, le sue papille gustative sono deteriorate dall'alcool, dal tabacco o dagli eccitanti. Per lui è del tutto incomprensibile che si possa sentire una differenza di gusto fra due acque. Se vi trovate in questa situazione, non perdete la testa, poiché è sufficiente smettere di fumare perché nel giro di qualche settimana il gusto ritorni gradualmente e si sviluppi normalmente.

Allo stesso modo, questo stesso essere mediocre percepisce attraverso l'odorato solo le differenze molto grandi. Per lui la sensazione olfattiva si limita a "questo è profumato" o "questo puzza". Non andate a chiedergli di notare che la propria compagna ha messo delle rose in sala. Prima di averle viste, non le noterà.

La stessa cosa vale per l'udito: dal momento che c'è una batteria e qualche suono di chitarra elettrica, è musica. Neanche parlare di cogliere le sottigliezze di una musica classica o di sonorità sintetiche.

Idem per la vista: i colori del suo televisore sono regolati al massimo, affinché i contrasti siano i più forti possibili. Impossibile fargli cogliere le sfumature e le gradazioni di un dipinto geniale, o di fargli scoprire un fiore in mezzo ad un prato.

Infine, per quanto riguarda il tatto, questo essere insensibile che rappresenta, ahimè, la maggioranza dei nostri contemporanei, non sa accarezzare. Riconosce a stento il caldo dal freddo ed è totalmente incapace di paragonare la morbidezza di due stoffe. Per lui accarezzare vuol dire impastare brutalmente ed il contatto con una pelle femminile è piacevole solo perché precede un'eiaculazione brutale ed igienica che è compiuta una volta tanto soprattutto perché si tratta di un "dovere" coniugale...

Dimentichiamo rapidamente questa spaventosa descrizione che purtroppo è quella della maggioranza degli "umani" attuali, per vedere a cosa essi potrebbero assomigliare e soprattutto come potrebbero giungervi.

Tutto si basa su un miglioramento della percezione dei contrasti.

Ma prima di proseguire è indispensabile fare una messa a punto essenziale: nessun valido miglioramento della propria sensualità può essere ottenuto da un essere che fuma anche molto poco, o che beve dell'alcool o che si droga, o che prende degli eccitanti come caffè o tè o, evidentemente, che fa tutte queste cose insieme. Non servirebbe a nulla tentare di affinare la propria percezione dell'infinito continuando ad insudiciare i propri organi recettori. È un po' come se vi metteste del cotone nelle orecchie prima di andare ad ascoltare un concerto.

Cominciamo con il tatto. Migliorare la propria percezione tattile significa migliorare la propria capacità di captare la differenza fra le temperature e le strutture delle cose che tocchiamo, prendendo coscienza, in modo sempre più sottile, degli effetti che ciò produce nel nostro cervello.

Iniziamo con delle cose che presentano grandi differenze, poi diminuiamo queste differenze fino a quando giungiamo a percepirle con molta difficoltà. Possiamo così definire il nostro grado di sensibilità tattile e, a forza di esercizi, affineremo la qualità della nostra percezione e saremo testimoni dei nostri progressi.

Quando accarezziamo qualcosa o qualcuno, dobbiamo essere totalmente nella punta delle nostre dita. Dobbiamo diventare ciò che tocchiamo al fine di sposarne il minimo contorno, godendo pienamente degli effetti che questo ha su di noi.

Il procedimento sarà esattamente lo stesso per il gusto: bisogna prendere il tempo di analizzare i sapori di ciò che si mangia ed anche di ciò che si beve, soprattutto dell'acqua. Quando gustate, diventate le vostre papille e seguite il cammino del messaggio chimico trasmesso al cervello e la sua decodificazione da parte di quest'ultimo. Per sviluppare un senso bisogna cortocircuitare totalmente tutti gli altri e mobilitare tutta la propria coscienza su quello che viene sollecitato.

Se i ciechi sviluppano enormemente il tatto, l'odorato e l'udito, è perché compensano l'assenza di percezione visiva attraverso il miglioramento della qualità degli altri recettori.

Sviluppare un senso significa far finta di essere ciechi in tutti gli altri per esercitarne intensamente uno soltanto.

Siamo collegati all'infinito che ci circonda attraverso i nostri sensi ed unicamente attraverso di essi. Un essere che non potesse né toccare, né gustare, né sentire, né ascoltare, né vedere, sarebbe totalmente incosciente. La coscienza si sviluppa attraverso la sensualità.

Non si può concepire l'infinito, lo si sente.

Sono gli scambi che si producono in noi tra il nostro organismo e l'infinito nel quale siamo in evoluzione a far sì che siamo vivi. L'uomo ordinario è costituito da questi scambi e non ne è cosciente. Questo crea in lui degli squilibri che generano malattie fisiche e psichiche, o che sfociano nell'aggressività e nella violenza.

L'essere risvegliato è cosciente di questi scambi e li migliora, il che gli permette di essere permanentemente in armonia con l'infinito e con se stesso.

Più grave ancora: l'uomo ordinario frena talvolta questi scambi, o li atrofizza volontariamente. Egli obbedisce a dei precetti colpevolizzanti che gli sono stati trasmessi da generazioni di esseri violenti e bellicosi che hanno generato il nostro pianeta come lo conosciamo oggi. Un pianeta che accumula le armi della propria distruzione...

L'essere risvegliato sviluppa questi scambi al massimo grado e diventa la terra quando accarezza una roccia, un ciliegio quando gusta una ciliegia, una rosa quando annusa una rosa, un usignolo quando sente cantare un usignolo, ed un universo quando contempla un cielo stellato.

L'essere mediocre si sente solo ed isolato, tagliato fuori da tutto, e si aliena volontariamente da tutto a causa di una paura del contatto dovuta alla mancanza di coscienza e all'atrofia progressiva dei suoi mezzi fisici di comunicazione con il proprio ambiente.

L'essere risvegliato si sente collegato a tutto. Fa l'amore con ogni molecola del proprio corpo e con ogni stella del cielo.

L'odorato, deve anch'esso essere sviluppato progressivamente attraverso una percezione sempre maggiore dei contrasti, che deve essere preceduta da un periodo di purificazione se si è stati fumatori.

Anche l'udito, per prima cosa, deve essere messo in stato di digiuno se si è presa l'abitudine di frequentare le discoteche o i concerti rock in cui il volume sonoro viene spinto così al limite che, secondo serie ricerche, tutti quelli che li frequentano sono sordi al 30%. Un terzo delle capacità uditive in meno, cioè un terzo in meno di possibili relazioni con l'infinito attraverso i suoni per milioni di giovani! Ma il corpo è capace di guarirsi e di ritrovare molto rapidamente tutti i suoi mezzi. È sufficiente imporsi un periodo di digiuno uditivo durante il quale si farà attenzione ad evitare ogni rumore o ogni musica. A poco a poco i nostri organi uditivi ritroveranno tutta la loro sensibilità e potremo così riscoprire i suoni che ci circondano, la musica e tutte le sue ricchezze, ad un livello normale.

La vista, infine, deve essere affinata nella sua capacità di percepire le sottili sfumature dei colori e di trasmettere stimoli che condizionano il nostro stato mentale. Si sa, ad esempio, che il rosso è eccitante ed il verde calmante, ma ogni tinta ha delle proprietà che possiamo scoprire migliorando la nostra percezione visiva.

Quando i cinque sensi cominciano ad essere sufficientemente sviluppati, è allora possibile esercitare in sé i meccanismi di sinestesia. È così possibile vedere un colore ascoltando un suono, ascoltare una sonorità sentendo un profumo o avere un gusto nella bocca guardando un colore.

Questa sublime festa dei sensi apre una delle porte più importanti della nostra mente, e produce in noi effetti simili a quelli che hanno le droghe e che i giovani del mondo intero ricercano. Questi effetti possono essere ottenuti senza il minimo pericolo, sfruttando dei meccanismi naturali che l'allenamento alla *Meditazione Sensuale* mette in moto, migliorando la sensualità e rendendoci dunque coscienti di ciò che ci collega all'infinito.

"I profumi, i colori ed i suoni si rispondono", diceva Baudelaire, che faceva della sinestesia senza saperlo. Immergersi nell'armonia di tutte le sensazioni, lasciarsi avvolgere da tutte le percezioni dell'infinito che si mescolano in noi per trascinarci in un turbine di piacere dal quale emergeremo più forti e più sensibili. Seguendo questa direzione, faremo di questo pianeta un mondo di felicità, elevando il livello di coscienza dei nostri simili per far loro scoprire il tesoro che si nasconde in essi.

VI

PROGRAMMA DI MEDITAZIONE SENSUALE

Generalmente il programma di Meditazione Sensuale viene insegnato nel corso di seminari di risveglio che durano una settimana e che vertono su una dozzina di esercizi in totale. Di fronte ai fantastici risultati ottenuti con questa tecnica, numerosi sono coloro che, dopo aver seguito questi seminari tanto in Francia quanto in Canada, hanno manifestato il desiderio di poter disporre di registrazioni contenenti quest'insegnamento per poterle ascoltare regolarmente a casa propria. Infatti è indispensabile fare pratica quotidiana della Meditazione Sensuale per trarne tutti i benefici.

È per questo che sono stati selezionati sei esercizi di base e che sono stati registrati su supporti audio disponibili nei quattro centri di Meditazione Sensuale che sono stati simultaneamente aperti a Ginevra, Parigi, Bruxelles e Montreal.

In questi centri è anche possibile venire a meditare in gruppo o da soli. Qui vi attendono degli insegnanti che vi permetteranno di scoprire tutti gli aspetti di queste tecniche, come anche altri esercizi che devono essere insegnati personalmente.

D'altra parte, alcune di queste registrazioni sono state concepite per essere ascoltate in compagnia di un partner di sesso complementare e quelli che sono soli possono sperare di incontrare in questi centri un essere con il quale avranno la certezza di essere in armonia spirituale, poiché interessati dallo stesso processo di risveglio, e con il quale potranno anche sperare di trovare l'armonia fisica.

Questi centri, inoltre, permetteranno a coloro che non dispongono di una residenza molto armoniosa di venire a passare qualche ora, ogni qualvolta lo desiderino, in un ambiente concepito per soddisfare i loro cinque sensi con la sua decorazione ed il suo particolare allestimento.

Un luogo permanente di insegnamento, di incontri fra persone che hanno scelto la stessa strada per risvegliarsi, di scambi e di miglioramento della propria percezione sensuale dell'infinito, guidati da insegnanti che faranno propri i problemi di ogni nuovo arrivato per meglio risolverli: ecco cos'è un centro di Meditazione Sensuale.

Ora vedremo in cosa consistono i sei esercizi di base che fanno parte del programma di Meditazione Sensuale.

Meditazione n° 1

Armonizzazione con l'infinito

Sarebbe ideale praticare questa meditazione all'aria aperta, se possibile sotto un cielo stellato. Ma poiché il clima non sempre permette che questi elementi si trovino riuniti, è preferibile predisporre un angolo di meditazione a casa propria.

Questo luogo dovrà essere decorato armoniosamente con poster, quadri, sculture o altre opere d'arte che ci piacciono in modo particolare. Fate in modo che la luce sia soffusa o indiretta, nei toni del rosso se possibile, o meglio, creata dalla fiamma di qualche candela, questo per la vista.

Potete diffondere qualche profumo, il più possibile voluttuoso, questo per il secondo senso: l'odorato.

Preparate un giaciglio molto morbido e piacevole da accarezzare, ma non troppo molle affinché il corpo venga mantenuto ben dritto in posizione distesa, questo per il terzo senso: il tatto.

Cercate d'avere un impianto audio ad alta fedeltà, della più alta qualità possibile, per poter cogliere tutte le sfumature della musica, questo per il quarto senso: l'udito.

Per il quinto senso, il gusto, prima di cominciare profumatevi la bocca con qualcosa che vi piace (menta, anice, frutti, ecc.)

Fate in modo che la temperatura della stanza sia sufficientemente alta, affinché possiate restare nudi senza aver freddo (almeno 22°gradi). La nudità totale è ideale per ben sentire il proprio corpo. Indossare un abito da meditazione fatto di una stoffa molto leggera e molto vaporosa, può però apportare al suo contatto una sensazione supplementare.

Un bagno tiepido e profumato appena prima della meditazione è una preparazione eccellente.

È molto importante cambiare abiti al rientro dal lavoro; togliete quindi i vestiti con i quali avete lavorato, spesso in ambienti disarmonici o inquinati. Fate almeno una doccia ed indossate l'abito da meditazione che può essere sia una djellaba, sia un camice fatto di una stoffa sufficientemente morbida e vaporosa perché possiate provare piacere al suo contatto. Il colore di questo vestito dev'essere quello che preferite e, se non avete preferenze, il bianco va molto bene.

È indispensabile, soprattutto per gli uomini, essere totalmente nudi sotto quest'abito, affinché gli organi sessuali maschili, generalmente sottoposti ad una vera e propria tortura da parte dei pantaloni attillati così di moda oggi, possano ritrovare una posizione, un'irrigazione sanguigna ed una temperatura normali, il che non accade quando sono compressi. Tra le altre cose, questa compressione è responsabile di un gran numero di casi d'impotenza.

Passiamo ora all'ascolto propriamente detto di questa prima meditazione registrata.

È necessario distendersi confortevolmente sul giaciglio previsto a questo scopo, in modo che il corpo riposi al suolo in modo uniforme. Le mani sono poste lungo il corpo, il palmo rivolto verso il cielo. È essenziale essere in una posizione supina molto piacevole, che sia possibile mantenere a lungo, senza sentire il bisogno di cambiare.

Allora chiudete gli occhi ed ascoltate...

A) L'importanza Della Respirazione

Che cos'è la respirazione? Perché respiriamo? Come certamente saprete, noi riempiamo i nostri polmoni di aria fresca ricca di ossigeno ed espelliamo in seguito un'aria ricca in anidride carbonica.

I nostri polmoni sono degli organi che permettono al sangue di eliminare l'anidride carbonica che ha prelevato dalle cellule, e di caricarsi dell'ossigeno che poi porterà a tutte le cellule che formano il nostro corpo.

La maggioranza delle persone respira molto male. Il semplice fatto di essere, di tanto in tanto, portati a sospirare, è la prova di una cattiva respirazione. Chi respira bene non sospira mai.

Qualche istante di respirazione cosciente ogni giorno migliora la nostra salute ed accelera il processo di risveglio.

Abbiamo visto che il cervello non è nient'altro che un computer biologico. Il cervello secerne costantemente sostanze chimiche che generano scariche elettriche. Queste scariche elettriche stanno alla base del nostro pensiero e sono responsabili dell'equilibrio tanto fisico che psichico del nostro corpo. Se il cervello è ossigenato male, queste secrezioni sono deboli o, al contrario, per reazione, troppo abbondanti. In tal modo si generano tutti gli squilibri che provocano malattie, tanto fisiche quanto psichiche.

Se la nostra respirazione è sufficiente, l'ossigenazione delle cellule che compongono questo computer centrale che è il nostro cervello, provoca un miglioramento delle secrezioni chimiche e, di conseguenza, un'armonia che si riflette sull'equilibrio di tutto l'organismo.

Essere in armonia significa semplicemente avere un cervello che funziona al massimo delle proprie possibilità di gestione dell'organismo che controlla.

Ecco perché all'inizio di ogni esercizio di Meditazione Sensuale è necessario abbandonarsi a qualche minuto di respirazione, per ottenere una iper-ossigenazione del nostro corpo, che scatenerà in lui, e soprattutto nella nostra mente, un'accelerazione degli scambi chimici.

È indispensabile respirare con molta forza per almeno tre minuti prima di ogni esercizio, ma i risultati sono decisamente migliori se si dispone di tempo sufficiente per giungere fino a dodici minuti di ossigenazione.

È importante, durante quest'esercizio, essere totalmente concentrati sulla propria respirazione e prendere bene coscienza degli effetti che questa produce sull'organismo. Attraverso un'azione cosciente, se ne migliorano ulteriormente gli effetti grazie ad un fenomeno di retroazione biologica.

B) Presa Di Coscienza Dell'infinitamente Piccolo Che Ci Compone

La seconda parte di questa prima meditazione consiste in una presa di coscienza dell'infinitamente piccolo che ci compone. Si tratta di connettere fra loro tutte le cellule che ci compongono e che sono tutte collegate al computer centrale che è il nostro cervello, per mezzo del sistema nervoso. Queste relazioni sottili ed incoscienti devono così diventare coscienti, per migliorarne la qualità e giungere a sentirsi totalmente coerenti, prima fisicamente ed in seguito psichicamente.

Questo primo esercizio è il più importante del programma di Meditazione Sensuale poiché costituisce la base, il tronco dell'albero della conoscenza che vedremo crescere in noi e di cui gli esercizi successivi saranno soltanto i rami.

Il corpo prende coscienza delle cellule che lo compongono e

le cellule prendono coscienza del corpo che esse compongono: ecco lo scopo di questo esercizio. Ognuno dei mattoni di cui siamo costituiti, le cellule, si sente improvvisamente e direttamente collegato a quelli che lo circondano ed indirettamente con tutti gli altri, attraverso la mediazione del computer-cervello che li unisce fra loro.

Verso la fine dell'esercizio, è lo stesso computer centrale che prende coscienza della materia che lo costituisce, di tutti i neuroni che gli permettono di auto-percepirsi. È la materia che prende coscienza di se stessa e della propria presa di coscienza.

In quest'istante il nostro organismo è talmente invaso da onde di energia che circolano in tutti i sensi tra cervello e cellule, che si prova una sensazione di benessere così profonda da spingere i più sensibili a piangere. Non bisogna però cercare di lottare contro questo fenomeno che è soltanto una reazione chimica dovuta al benessere provato dalle cellule che ci compongono e che si sentono finalmente collegate e totalmente unite. È necessario, al contrario, gioire pienamente di questo istante meravigliosamente ricco di pulsioni armonizzatrici.

Si tratta proprio del "raccoglimento" nel senso originale del termine. Siamo ben lontani da quegli oppressivi minuti di silenzio delle manifestazioni religiose che hanno totalmente perso il loro profondo significato. "Raccogliersi", procedere ad un raccoglimento, è una parola che proviene dal latino "recolligere", che significa "col-legarsi", collegare fra loro gli elementi che ci compongono.

C) Presa Di Coscienza Del Proprio Livello

A questo stadio dell'esercizio l'insieme del nostro organismo "raccolto", le cui parti sono totalmente unite e solidali, prende coscienza di ciò che lo circonda unicamente grazie all'udito, ascoltando la musica o i suoni che permeano l'ambiente.

Questa presa di coscienza avviene grazie all'intermediazione di un senso che funziona con la percezione delle vibrazioni sonore e permette all'insieme del nostro corpo di sentire le vibrazioni musicali. L'effetto è quello di accentuare il fenomeno di presa di coscienza dell'unità delle cellule che compongono il corpo che ascolta. All'improvviso esso percepisce qualcosa che non proviene da sé e le sue cellule, vibrando all'unisono, si sentono ancora più solidali, totalmente unite in uno slancio di armonia globale.

Infine, poiché la peculiarità delle onde non è quella di essere costituite da qualcosa, ma quella di animare gli elementi in cui esse si propagano, l'organismo che ascolta non soltanto con le orecchie ma anche con tutti i pori della sua pelle, diventa la musica che ascolta ed è interamente percorso dalle vibrazioni di cui essa è composta.

D) Presa Di Coscienza Dell'infinitamente Grande Che Noi Componiamo

Dopo essersi messo in armonia con se stesso ed aver poi preso coscienza della propria capacità di mettersi in armonia con ciò che è capace di percepire dal proprio ambiente, l'organismo può adesso provare a mettersi in armonia con l'infinitamente grande di cui è una piccolissima parte. Questo è lo scopo della penultima fase di questa meditazione, che consiste in un'apertura sui movimenti che a nostra insaputa spostano il nostro essere nell'infinito delle galassie: quello della nostra Terra che ruota su se stessa ruotando a sua volta intorno al sole, quello del nostro sole che gira intorno al centro della nostra galassia, quello della nostra galassia che gira intorno ad un altro punto. Tutti questi movimenti si addizionano all'infinito e ci proiettano in un girotondo eterno a delle velocità inimmaginabili, noi che abbiamo abitualmente l'impressione di essere immobili quando siamo distesi al suolo... E da qualche parte al di sopra di noi, in questa immensità cosmica, esistono degli esseri che ci osservano e ci amano come loro figli.

Questa percezione dell'infinitamente grande permette ad un organismo già in armonia con l'infinitamente piccolo che lo compone e capace di vibrare totalmente al ritmo delle onde che lo circondano, di prendere coscienza dell'immensità dell'universo nel quale si trova e dell'armonia cosmica naturale di cui è una piccola parte e nella quale è permanentemente immerso.

Il fatto di sentire l'armonia che esiste nell'infinitamente grande all'interno del quale navighiamo, rinforza la coesione che si è creata fra le cellule che ci compongono, in un processo che si potrebbe avvicinare al mimetismo. Prendendo improvvisamente coscienza che è circondato da armonia, il nostro organismo si sente esso stesso obbligato ad essere armonioso.

E) Presa Di Coscienza Dell'umanitá Possibile

La fine di quest'esercizio consiste in una presa di coscienza dell'Umanità di cui noi siamo un elemento. Si tratta dunque di un ritorno al nostro livello, con un'apertura su ciò che potrebbe essere il nostro pianeta se tutti gli uomini si mettessero a vibrare insieme nella stessa armonia totale che conduce automaticamente alla fraternità ed alla pace universale.

Il fatto di comprendere che tutti gli esseri umani potrebbero facilmente raggiungere questo fantastico livello di benessere che noi proviamo, ci fa prendere coscienza che siamo noi stessi le cellule del grande corpo che è l'Umanità. Ci rendiamo conto che possiamo essere responsabili di una propagazione su scala planetaria di questo slancio d'amore, facendo scoprire ciò che noi stessi stiamo provando a tutti coloro che ci circondano e che non hanno ancora avuto la fortuna di conoscere il piacere che risiede nella scoperta dell'armonia naturale nella quale siamo tutti inconsciamente immersi.

Questo esercizio è quello che permette di "planare" più rapidamente. Attraverso la sua pratica si possono provare naturalmente e senza pericoli le sensazioni ottenute con l'uso di droghe. Numerosi sono i giovani drogati che hanno smesso di assumere queste sostanze pericolose dopo aver scoperto che, attraverso la Meditazione Sensuale, potevano fare dei "viaggi" molto più intensi, senza però conoscere gli orribili periodi di astinenza e divenendo oltretutto molto più efficaci sia nella loro vita professionale che in quella sessuale. Questa è infatti la cosa più importante.

La droga produce uno stato di coscienza alterata stabilendo nel cervello alcuni "corto-circuiti" che danneggiano il funzionamento del computer, pur permettendo di ottenere alcune sensazioni piacevoli, benché di breve durata. La Meditazione Sensuale permette di ottenere le stesse sensazioni, ma molto più sviluppate e molto più durature. Invece di alterare il livello di coscienza stabilendo dei corto-circuiti, essa lo eleva sviluppando dei meccanismi naturali che, una volta allenati a reagire, funzioneranno sempre meglio mano a mano che li si utilizzerà.

La droga permette di scoprire un certo tipo di estasi, ma atrofizza quei meccanismi naturali che normalmente vengono messi in moto per raggiungerla. La Meditazione Sensuale, invece, sviluppa questi stessi meccanismi e permette di raggiungere queste estasi sempre più facilmente. L'essere totalmente risvegliato arriva a restare permanentemente in uno stato di godimento assoluto. Giungere ad un tale livello di coscienza può richiedere molti anni di lavoro su se stessi. Generalmente sette anni. Molto meno per alcuni esseri già risvegliati che iniziano a meditare.

Meditazione n° 2

Presa di coscienza dei propri ritmi vitali

Questo secondo esercizio ci permetterà, in un primo tempo, di prendere coscienza della nostra respirazione, ma questa volta in modo ancora più fisico rispetto all'esercizio precedente.

Si tratterà, questa volta, di sentire l'insieme delle proprie vie respiratorie grazie al contrasto fra l'aria fresca che aspireremo dopo una interruzione della nostra respirazione e l'aria calda residua che si trova nei nostri bronchi e nei nostri polmoni.

La sensualità si sviluppa grazie ai contrasti, che si tratti di differenze di temperature, di colori, di suoni o di profumi.

Dopo esserci ossigenati lungamente, come facciamo prima di ogni esercizio, penetriamo nei nostri polmoni e viviamo questo fantastico scambio chimico grazie al quale noi esistiamo: l'ossigenazione del sangue.

Ci concentriamo allora sulla percezione dei battiti del nostro cuore, la pompa che fa circolare il sangue nei nostri polmoni affinché prenda in consegna i preziosi atomi di ossigeno che sono attesi da tutto il nostro organismo.

Per sentire meglio il battito del nostro cuore, appoggiamo leggermente le estremità delle dita della nostra mano destra contro quelle della mano sinistra.

In tal modo sentiremo perfettamente questo ritmo regolare, dapprima nelle estremità delle nostre dita e poi in tutta la mano. Progressivamente, cercheremo di sentirlo dappertutto, nelle braccia, nel corpo intero e, finalmente nello stesso cervello, avendo l'impressione di sentirvi battere il nostro cuore. Questo stesso cuore del quale prendiamo allora coscienza e che sentiamo battere nel nostro petto, calmo, armonioso.

Altri esercizi, insegnati durante i seminari di risveglio, permettono di rallentare o di accelerare volontariamente i battiti del cuore, proprio com'è possibile rallentare o accelerare volontariamente la propria respirazione. In condizioni normali, così come per il cuore, il ritmo respiratorio è regolato dal nostro cervello senza che noi vi prestiamo attenzione.

La prima meditazione ci permette di collegare tutto il nostro organismo, questa seconda ci fa prendere coscienza dei ritmi che lo animano in permanenza e che fanno sì che egli resti in vita. Questo ci permette di sentirci vivere, palpitare interamente fino alle nostre estremità al ritmo di questa pompa di cui ogni palpitazione è essenziale, e che è parte di noi quanto il cervello che ne prende coscienza.

Meditazione n° 3

Presa di coscienza del proprio corpo

Dopo aver collegato tutte le cellule che formano il nostro corpo ed aver sentito il ritmo che lo anima, in questo terzo esercizio prenderemo coscienza del nostro corpo attraverso i nostri sensi.

I due primi esercizi avvenivano all'interno di noi stessi e vedevano il nostro organismo prendere coscienza di se stesso a partire da meccanismi totalmente interni, senza far intervenire la nostra sensualità.

Ora partiremo alla scoperta del nostro fisico, dapprima attraverso il tatto, tenendo chiusi gli occhi, ed in seguito attraverso ognuno degli altri sensi.

La scoperta del proprio corpo attraverso il tatto permette di prendere coscienza della sensibilità delle diverse parti del nostro organismo e, allo stesso tempo, di godere del piacere di essere chi tocca e chi è toccato, chi accarezza e chi è accarezzato. Tuttavia, le prime volte che si fa questo esercizio, bisogna provare ad essere più nell'estremità delle proprie dita che nel resto del proprio corpo. È necessario essere unicamente chi tocca, per prendere coscienza con le proprie mani delle forme e delle dimensioni del proprio essere.

In questa scoperta tattile delle nostre forme, ritroviamo il piacere che provavamo da bambini nell'esplorare noi stessi, con la sola differenza che ora siamo totalmente coscienti di ciò che facciamo.

Questo diventa particolarmente evidente quando succhiamo l'estremità delle nostre dita, per sentirle meglio. Gli organi che ci servono a tastare, in tal modo, vengono anch'essi tastati.

Ed è in questo momento che ha luogo la scoperta del gusto della nostra pelle. Succhiando le nostre dita e poi la pelle del nostro braccio, scopriremo il gusto che abbiamo e che è totalmente personale.

In seguito, sempre tenendo gli occhi chiusi, passeremo alla scoperta dei nostri odori corporali. Per affrontare nelle giuste condizioni questo esercizio, è indispensabile non essersi precedentemente fatti una doccia usando sapone e non aver cosparso il corpo di deodoranti o profumi. L'ideale è fare una doccia con del sapone la sera prima di questo esercizio e lasciare che la pelle emetta, durante la notte, le secrezioni che creano i nostri personali odori corporali.

La parte successiva consiste in una scoperta della nostra voce, ascoltandoci parlare, tanto con le mani che con le orecchie. "Tocco questa testa che io sono mentre emetto dei suoni". Ci ascoltiamo allora come se fossimo qualcun altro che sta ascoltando parlare un'altra persona.

Infine, apriamo gli occhi e ci scopriamo utilizzando la vista, guardando prima di tutto le nostre mani muoversi, esattamente come un bambino che si diverte ad agitarle nella culla, prendendo però coscienza della bellezza delle nostre membra e dei nostri movimenti.

Poi accarezziamo nuovamente il nostro corpo con le mani e scopriamo allora la forma di tutte le parti del nostro fisico, come se fosse la prima volta che le vediamo.

È importante, all'inizio di questo esercizio, avere accanto a noi uno specchietto, che ci aiuterà ad osservare alcune parti del nostro corpo che non possiamo guardare direttamente.

Ci guardiamo con occhi nuovi. Non ci siamo mai concessi il tempo di guardare con amore alcune parti del nostro corpo e, in particolare, il nostro sesso, a causa dei tabù che ci sono stati trasmessi dai nostri genitori. Questo è vero soprattutto per le donne, il cui sesso è stato considerato "sporco" dalle società fallocratiche.

L'organo sessuale che ci dona piacere, che è in grado di dare la vita, è bello come un fiore, sia nella donna che nell'uomo. I fiori, d'altronde, sono gli organi sessuali delle piante.

Lo stesso nostro ano, osservato grazie ad uno specchietto, è una parte magnifica del nostro corpo. È il punto attraverso il quale viene evacuata la materia che è stata in contatto con quelle parti interne del nostro organismo che non potremo mai toccare. depositandovi il meglio di sé, affinché noi viviamo.

Dopo aver scoperto con meraviglia questo favoloso giocattolo vivente che è il nostro corpo e che non aspetta altro che godiamo di lui, possiamo riprendere contatto con il nostro ambiente. Tutt'intorno a noi ci sono degli esseri in evoluzione che hanno potuto prendere coscienza, come noi, di questi tesori che ci compongono e che per troppo tempo sono stati ignorati.

Meditazione n° 4

Meditazione di fronte al simbolo dell'infinito

Per questa meditazione è meglio stare seduti il più confortevolmente possibile, con le gambe incrociate se potete, contrariamente ai primi tre esercizi che si effettuano distesi.

Un poster raffigurante il simbolo dell'infinito che trovate illustrato in questo libro, viene posto contro un muro all'altezza degli occhi, se possibile intensamente illuminato da un proiettore bianco, mentre il resto dell'ambiente rimane nella semioscurità.

L'essere che si è appena risvegliato totalmente a se stesso attraverso gli esercizi precedenti, prende coscienza di qualcosa che gli è interamente estraneo e si lascia invadere dalle vibrazioni trasmesse dalle forme di questo disegno.

Tutte le forme che ci circondano, agiscono su di noi in permanenza. Recenti esperienze effettuate con delle piccole piramidi, hanno dimostrato come sia possibile seccare totalmente un frutto senza che marcisca, unicamente grazie alle onde riflesse da pareti inclinate ed orientate in un certo modo.

Si sa anche che, quando si analizzano i suoni elettronicamente, la 0 produce sullo schermo la forma di una 0 ed il suono I la forma di una I.

Tutti i colori ed i suoni emettono delle vibrazioni specifiche che possono armonizzarsi e che influiscono sul nostro comportamento ed il nostro benessere, così come le onde di forma prodotte dal nostro ambiente hanno un'enorme importanza sul nostro sboccio.

Questo simbolo che, come abbiamo spiegato all'inizio di quest'opera, rappresenta l'infinito nello spazio e nel tempo, emette delle onde di forma particolarmente armoniose. Non è per caso che lo si ritrova nel Libro dei Morti Tibetano ed un po' dappertutto nelle Indie, regioni ben conosciute per le loro tradizioni che pongono l'accento sullo sboccio dell'individuo, anche se i concetti di base sono ormai soffocati da un mucchio di superstizioni.

L' "Orologiaio", in questo immenso continente, aveva lasciato delle tracce del suo manuale di istruzione...

Per beneficiare totalmente degli effetti di quest'esercizio, è indispensabile comprendere bene che questo simbolo non ha assolutamente nulla a che vedere con i criminali nazisti che ne hanno preso una parte per farne il loro emblema.

In qualunque dizionario troverete la "svastica", la croce uncinata, accompagnata dalla definizione: "Simbolo religioso dell'India". Attualmente, migliaia di persone meditano ogni giorno nei templi buddisti ornati da queste croci, proprio come hanno fatto per millenni i loro antenati.

Se Hitler avesse preso per emblema la croce cristiana (e ci ha pensato molto prima di optare per la croce a gamme, poiché questo gli sarebbe servito nel suo progetto di genocidio del popolo ebraico), pensate forse che i cristiani del mondo intero non avrebbero più avuto il diritto di portare e di utilizzare questo simbolo a guerra finita? Evidentemente no. Seguendo lo stesso ragionamento, non è perché l'Inquisizione ha ucciso migliaia di persone nel nome della croce cristiana, brandendola, che questo cambia qualcosa nel messaggio d'amore e di fraternità di Gesù.

Questa parentesi era utile, poiché è impossibile sbocciare contemplando un simbolo che sentiamo essere un emblema di violenza. Al contrario, l'unione dei due triangoli intrecciati l'uno nell'altro e della svastica, è l'emblema dell'amore assoluto e infinito, della vita e della gioia.

Il triangolo orientato con la punta verso l'alto rappresenta l'infinitamente grande: stelle e galassie che gravitano attorno a noi o, più esattamente, assieme a noi, poiché noi non siamo il centro dell'universo e nemmeno quello del nostro sistema solare.

Il triangolo orientato con la punta verso il basso rappresenta l'infinitamente piccolo: le cellule che ci compongono e che sono organismi indipendenti pur essendo collegati fra loro, le molecole che compongono le nostre cellule, gli atomi che formano le molecole, le particelle che formano gli atomi e che sono degli universi nei quali si trovano dei pianeti sui quali degli uomini come noi vivono e guardano il cielo chiedendosi se altrove esiste la vita.

Le stelle del nostro cielo sono anch'esse una parte della galassia nella quale noi siamo, galassia che è una parte del nostro universo, che è soltanto una parte di una particella situata da qualche parte in una cellula del corpo di un essere gigantesco, che contempla egli stesso un altro cielo stellato chiedendosi se altrove esiste la vita...

E se questi due triangoli sono intrecciati, è perché l'infinitamente grande è composto da infinitamente piccolo e senza l'infinitamente piccolo non esisterebbe l'infinitamente grande.

Quanto alla croce potenziata, essa rappresenta l'infinito nel tempo. Tutto ciò che ci circonda è sempre esistito, sia sotto forma di materia che sotto forma d'energia. La materia che ci costituisce è sempre esistita ed esisterà per sempre perché noi siamo costituiti di eternità. Solo le forme cambiano. Non siamo altro che l'accumulo organizzato di particelle prelevate dagli alimenti che ha assorbito nostra madre e che si sono agglomerate nel suo ventre secondo un piano ben preciso concepito per formarci. Poi, dopo la nostra nascita, altre particelle sono state prelevate dagli alimenti che abbiamo mangiato. Alcune provengono dalle carote, altre dalle patate, dalla carne, dalle uova, ecc.

Ma la carota mangiata da nostra madre o da noi e della quale, ad esempio, è rimasto un atomo nel nostro naso, aveva anch'essa prelevato quest'atomo dal suolo dove era cresciuta. Ed esso era arrivato in questo suolo con il letame deposto dal giardiniere, letame che proveniva dagli intestini di una vacca, nei quali già si trovava quest'atomo, poiché era nell'erba che essa aveva mangiato, da quando un topo, dopo esser stato digerito da un rapace, era stato deposto sotto forma di escremento in questo prato. E così via. Si potrebbe cosi seguire la storia di questa particella che si trova nel nostro naso fino ad un'epoca precedente alla creazione della vita sulla terra. Quindi tutte le particelle che ci compongono sono sempre esistite. Alcune di esse hanno già fatto parte del corpo di altri uomini, qualche secolo o qualche millennio fa.

Ecco cosa rappresenta questo simbolo che stiamo contemplando e che irradia verso di noi le sue benefiche vibrazioni. La tecnica per guardarlo, descritta dalla cassetta, ha lo scopo di imprimere la sua immagine nella nostra retina e soprattutto di informare il nostro computer della sua forma esatta. L'esposizione prolungata a queste vibrazioni eleva ancor più il nostro grado di armonizzazione.

Si tratta in questo caso di una presa di coscienza vibratoria dell'infinito nel quale siamo immersi.

Meditazione n° 5

Scoperta di un altro universo: il nostro partner

Questo esercizio, contrariamente ai primi quattro, non può essere eseguito da soli. È indispensabile avere un partner. Se si è con qualcuno con cui desideriamo avere successivamente una relazione sessuale, quest'esercizio rappresenta un'eccellente preparazione. Questo vale anche se ci si trova in compagnia di una persona con la quale si hanno rapporti intimi da molto tempo, ma che desideriamo riscoprire per portare una luce nuova nella relazione: la luce di un risveglio reciproco e simultaneo. Questo esercizio può però essere ascoltato anche in compagnia di una persona con la quale non si desiderino avere dei rapporti sessuali, al semplice scopo di migliorare ancor più il proprio sboccio personale.

La meditazione precedente ci guidava in un'apertura sul mondo esteriore. Un essere totalmente in armonia con se stesso prendeva coscienza dell'infinito per mezzo di un simbolo inerte che imprimeva in lui le sue onde di forma.

Adesso l'universo che noi siamo e che ha preso coscienza della propria armonia interiore, parte alla scoperta di un altro universo fatto a propria immagine. Tutto ciò grazie ad un leggero massaggio di tutte le parti del corpo del nostro partner. Terminato l'esercizio, sarà necessario invertire i ruoli, per permettere al massaggiato di diventare massaggiatore, allo scoperto di diventare scopritore. In tal modo due universi avranno fatto vicendevolmente conoscenza. E si tratta proprio di una "co-nascenza" (dal francese "co-naissance", n.d.T.), due individui che nascono veramente l'uno all'altro. Nascere viene dal latino "nascere" che significa "venire al mondo". Il nostro corpo, come abbiamo visto, è un universo, dunque un mondo, e quando prendiamo coscienza di ciò che ci circonda, esso viene per noi "al mondo", nasce. Quando facciamo conoscenza con qualcun altro, si tratta proprio di una venuta al mondo reciproca, una "co-nascenza".

Questo leggero massaggio non ha alcun fine terapeutico. Per praticarlo non è necessario possedere delle conoscenze di kinesiterapia. Si tratta di prendere semplicemente coscienza, attraverso il tatto, delle forme di un altro essere, di un altro insieme di cellule e di atomi come noi e suscettibile di avere le stesse nostre reazioni.

Non dev'essere un massaggio erotico. Non sono delle carezze quelle che facciamo. Si tratta di palpare molto leggermente l'organismo che scopriamo risalendo sempre verso il cuore. È meglio esercitare delle pressioni un po' troppo forti piuttosto che troppo deboli. Prendiamo coscienza della consistenza della carne del nostro partner, sentiamo a tratti il contorno delle sue ossa attraverso la pelle. I nostri pollici toccano questa materia vivente che compone un altro mondo.

Quanto al massaggiato, quest'esercizio produce su di lui degli effetti ancora più importanti. In effetti, egli prende coscienza di un altro organismo attraverso le sue mani, le sue estremità. Immerso in uno stato di assoluta armonia, egli sente qualcosa di estraneo a sé che sta inaspettatamente palpando le sue membra. La prima reazione è di tensione di fronte a ciò che straniero, una sorta di rigetto. Poi, a poco a poco, il nostro organismo prende coscienza che gli effetti prodotti da questo contatto sono positivi e meravigliosamente rilassanti. Allora gli spostamenti delle dita sull'epidermide vengono attesi, anticipati, desiderati nelle parti in cui non sono ancora giunti e dove si sa che andranno.

Quest'attesa si trasforma in piacere e migliora la sensazione di unità di tutto il nostro organismo.

Quando quest'esercizio termina, allora siamo giunti alla fine della parte di questo programma che si rivolge a degli individui che non hanno un partner sessuale. L'esercizio successivo è destinato a guidarci negli istanti che precedono l'unione fisica di due esseri di sesso complementare.

Il fatto di aver scoperto che il contatto fisico con gli altri è possibile al di là di ogni concetto sessuale, modificherà profondamente le nostre reazioni nei confronti degli altri. Non guarderemo più allo stesso modo il nostro prossimo e le persone che incontreremo. Le nostre possibilità di comunicazione sono state ormai decuplicate da questa nuova visione degli esseri umani che vivono intorno a noi. Ormai non vedremo più gli altri come ci aveva insegnato l'educazione medievale che avevamo ricevuto, ossia come degli esseri con i quali si può comunicare solo attraverso suoni o immagini. Li vedremo invece come degli esseri viventi che possiamo toccare e che possono toccarci, se comprendono l'utilità di questo contatto e l'accettano per meglio sbocciare.

È ormai provato che i bambini, per crescere armoniosamente e schiudersi totalmente, necessitano di questo contatto fisico, di essere toccati, di toccare i loro genitori. E se abbiamo tanta reticenza all'idea di questo contatto prima di averlo sperimentato, è perché questi scambi tattili con i nostri educatori ci sono terribilmente mancati. Abbiamo probabilmente avuto degli educatori che erano prigionieri della loro morale giudeo-cristiana che colpevolizzava tutto ciò che era carnale. Quante volte alcuni fra noi avrebbero desiderato che il proprio padre li baciasse diversamente che in punta di labbra o sulla fronte, che egli li accarezzasse, li stringesse al petto, invece di tenerli a distanza come dei portatori di peste.

Questa mancanza di contatto fisico è responsabile di molti dei nostri blocchi su questo piano, ma non è mai troppo tardi per imparare nuovamente a vivere questo senso bandito dai nostri genitori. Possiamo recuperare il tempo perduto, ritrovare tutti i nostri mezzi tattili e, soprattutto, sviluppare i collegamenti nervosi terminali situati nel computer centrale e che sono collegati alle punte delle nostre dita.

Sarà soprattutto necessario ricordarci di tutto questo quando saremo a contatto con i nostri figli, se ne abbiamo, per insegnare loro a toccarsi, a toccarci e ad essere toccati.

Meditazione n° 6

Erotizzazione reciproca

Quest'ultimo esercizio è concepito per essere praticato da due persone che desiderano avere in seguito un'esperienza sessuale.

La sessualità costituisce la sommità del tronco dell'albero che facciamo crescere in noi, dal quale si distenderanno i rami che portano i fiori dello sboccio totale. Senza una sessualità totalmente liberata ed armoniosa, non possono esistere esseri totalmente risvegliati. L'unione carnale di due esseri costituisce effettivamente l'atto più semplice che richiede ai cinque sensi di lavorare contemporaneamente. Ma rappresenta soprattutto il modo più facile di mettersi in armonia con l'infinito, in un istante di illuminazione totale che ci permette di intravedere cosa potremmo vivere permanentemente quando giungeremo al risveglio assoluto.

Dopo l'abituale seduta di ossigenazione che ha lo scopo di migliorare la qualità delle reazioni chimiche che, nel nostro cervello, ci permetteranno di sentire quello che capteranno i nostri cinque sensi, la prima parte di questo esercizio consiste in una presa di coscienza visiva del corpo del nostro partner.

Quest'ultimo è disteso vicino a noi. Lo guardiamo dalla testa ai piedi, prendendo coscienza di quest'universo simile a noi che è qui e con il quale presto formeremo una cosa sola. L'incontro di due infinitamente piccoli che fanno parte dello stesso infinitamente grande.

La persona distesa, con gli occhi chiusi, prende coscienza della carezza dello sguardo che si posa su di lei e lo "sente" spostarsi sul proprio corpo. Essa offre così le graziose curve del proprio fisico agli organi visivi dell'essere con il quale progredirà nel risveglio della propria sensualità. Essa è praticamente già penetrata da questo sguardo che si infiltra in lei attraverso tutti i pori della propria pelle.

La seconda parte dell'esercizio consiste in un'eccitazione delle zone erogene del nostro partner, grazie ad un massaggio molto più leggero di quello della cassetta numero cinque e che è di fatto una carezza volta ad eccitare sessualmente la persona massaggiata.

Alcune parti del corpo devono essere sfiorate ed altre massaggiate con forza maggiore tenendo conto della sensibilità di ciascuno. È molto importante, a questo proposito, che la persona massaggiata collabori totalmente a quest'esercizio, indicando ciò che le piace di più o di meno, e quando essa desidera essere palpata con più forza o sfiorata più delicatamente.

Effettivamente, se le grandi zone erogene sono le stesse per tutti, esistono delle varianti a seconda della personalità degli individui. Queste diversità fanno sì che alcune parti del corpo lascino alcuni totalmente indifferenti, mentre eccitino altri soggetti in modo del tutto particolare. Scoprire queste varianti ci permetterà di ottenere dei risultati ancora superiori e di affinare la nostra capacità di stimolare le superfici sensibili dell'altro attraverso la pratica di questo esercizio.

D'altra parte, è molto importante che la persona accarezzata informi con grande precisione quella che la accarezza, dicendole tutto ciò che prova. È necessario che anche le più piccole sensazioni di piacere vengano manifestate chiaramente con dei piccoli gemiti che avranno un triplice effetto: innanzitutto guideranno le mani del massaggiatore con precisione, poi scateneranno in lui un'eccitazione dovuta alla percezione dei risultati dei suoi movimenti, infine miglioreranno la qualità del piacere della persona accarezzata grazie ad un fenomeno di retroazione biologica. Il fatto di ascoltarsi mentre si geme di piacere scatena nel nostro cervello certi meccanismi che provocano un miglioramento del funzionamento degli organi recettori. Il piacere genera piacere, ed è per questo che è indispensabile, all'inizio dell'esercizio, reagire alla minima sensazione piacevole, amplificando un po' le manifestazioni vocali di queste percezioni positive. Vale a dire che dobbiamo gemere abbastanza forte perché l'altro percepisca le sensazioni gradevoli che noi stiamo provando, anche se queste ultime sono inizialmente molto deboli e normalmente non ci spingerebbero a manifestare sonoramente la nostra soddisfazione. Questa amplificazione delle nostre reazioni al piacere, produrrà un'amplificazione del piacere stesso.

Dopo che la vista, il tatto e l'udito hanno preso contatto con il nostro compagno, il gusto e l'odorato entrano ora in azione.

Le stesse zone che prima sono state accarezzate con la punta delle dita, questa volta vengono sfiorate con le labbra. Alcune di esse vengono gustate con la punta della lingua ed altre respirate, mentre la persona distesa sente su tutto il proprio corpo il soffio caldo di quella che la sta scoprendo con la sua bocca e il suo naso. È importante, durante tutto quest'esercizio, aspirare l'aria fresca dal naso e soffiarla dalla bocca, da un lato per far ben funzionare il proprio odorato e, dall'altro, per far sentire all'altro il soffio del proprio alito sulla sua pelle.

La scoperta degli odori corporali del nostro partner è molto importante. In effetti, è stato scientificamente provato che gli odori corporei contengono alcune sostanze chimiche chiamate "feromoni". Questa parola proviene dal greco "pherein" che significa portare, e "hormao" che significa "io esisto", e vuol dire, in parole chiare, "ciò che segnala la mia esistenza". Questo nome è stato assegnato a tutte le sostanze secrete da un essere vivente e che possono agire sul comportamento di altri esseri viventi della stessa specie.

Sappiamo che alcune farfalle, nel periodo dell'accoppiamento, sono in grado di trovare un partner di sesso opposto anche a vari chilometri di distanza, in un bosco pieno di fragranze diverse, grazie ad un particolare odore che quest'ultimo emette. Possiamo quindi comprendere fino a che punto il senso dell'odorato sia importante. Meglio ancora, alcuni casi di impotenza sono già stati curati utilizzando odori emessi dal sesso femminile, e dei casi di frigidità grazie a quelli emessi da quello maschile. Una ragione in più per non utilizzare dei deodoranti per il corpo se desideriamo avere una vita sessuale armoniosa.

Del resto, è molto importante comprendere bene che gli odori corporali freschi non puzzano. Il sudore fresco, ad esempio, non è per niente sgradevole. Se invece si resta molto tempo senza lavarsi e si lascia fermentare questo sudore su di noi e nei nostri abiti, esso diventa del tutto insopportabile. Anche le rose quando marciscono cominciano a puzzare.

Riassumendo, abbiamo visto che alcune sostanze contenute nei nostri odori corporali hanno degli effetti importanti sulle nostre reazioni sessuali, ed è per questo che è di capitale importanza respirare bene il nostro partner nelle zone indicate e lasciare che le sostanze in questione producano nel nostro cervello i loro caratteristici effetti eccitanti.

La stessa cosa vale per il gusto. La pelle emana delle sostanze che hanno anch'esse la loro importanza e contengono un messaggio chimico che i recettori della nostra lingua decodificano e trasmettono al computer centrale, il quale invia altri messaggi chimici o nervosi ai nostri organi sessuali perché si preparino ad entrare in azione.

Lo scambio finale dei respiri è anch'esso essenziale, poiché permette ai due corpi di mettere in armonia le loro respirazioni e di sentirsi vivere allo stesso ritmo. Inoltre, quest'aria che è stata a contatto con l'interno dei nostri corpi, si carica di particelle che hanno viaggiato in noi e contribuisce alla "co-nascita" reciproca dei due organismi.

Il baciarsi, infine, permette ai due esseri di scambiare dei messaggi chimici, comunicando attraverso i loro organi gustativi, e di gustare direttamente ciò che l'altro gusta con un organo identico. È la stessa cosa che si produce quando ci si tocca vicendevolmente con la punta delle dita, cosa che non è possibile fare né con gli occhi, né con le orecchie, né, evidentemente, con il naso, ma che è ancora più intensa con la bocca.

Alla fine dell'esercizio, la persona che era allungata ricomincia l'esercizio e, a sua volta, pratica all'altro ciò che quest'ultimo aveva fatto con lui. Così i due partner saranno finalmente e totalmente aperti l'uno sull'altro e pronti ad unirsi, conservando nella mente la dimensione prodigiosa dell'incontro di due universi che si arricchiscono vicendevolmente.

Il raggiungimento simultaneo di un orgasmo cosciente e vissuto con tutto il proprio essere, e non soltanto con il proprio sesso, sarà la ricompensa di una preparazione minuziosa di questa celebrazione dell'infinito che potrà prolungarsi a lungo e non avrà niente a che vedere con ciò che fino ad allora si chiamava "fare l'amore".

Di fatto questa simbiosi assoluta di due esseri che finalmente diventano l'uno parte dell'altro, permette loro di fare l'amore con gli atomi che li compongono e anche con le galassie nelle quali ci troviamo, di avere, in qualche modo, un orgasmo cosmico.

VII

I CENTRI DI MEDITAZIONE SENSUALE

Il programma che abbiamo analizzato fin qui non costituisce però la totalità dell'insegnamento affidato agli uomini dagli "Orologiai" che li hanno fabbricati. Esso, come abbiamo già detto, rappresenta soltanto il tronco dell'albero che è il nostro sboccio personale. Un albero che avesse soltanto il tronco non potrebbe sopravvivere. Ognuno dei suoi rami gli è indispensabile perché crescano le foglie che gli permetteranno di respirare e di far sbocciare i suoi fiori. Questi rami sono altri esercizi altrettanto essenziali, ma che non avrebbero potuto essere presentati sotto forma di cassette registrate, poiché, per alcuni di essi, è necessario l'intervento di una Guida (il nome che diamo agli insegnanti della Meditazione Sensuale), e, per altri, la presenza di un gruppo, come nel caso, fra gli altri, dello sviluppo della vibrazione armonica vocale collettiva.

Potremmo anche citare, nel processo di risveglio, la scoperta guidata e progressiva della bellezza del proprio corpo attraverso un'iniziazione al naturismo che ci permette di trovare belle ed armoniose tutte le parti del nostro organismo, comparandole a quelle dei nostri compagni di corso. Questo è importante soprattutto per le donne, alle quali, nel passato, veniva inculcato il concetto che il loro sesso era sporco e brutto. Esse possono scoprire, confrontando con altre donne questa parte del loro corpo, fino a che punto essa sia meravigliosamente interessante e piena di grazia, con una innumerevole varietà di forme. Gli uomini possono anch'essi dimenticare i loro complessi di inferiorità, scoprendo la ricchezza dei loro membri virili che sono sempre meravigliosamente adatti ai rapporti con i loro partner. Anche in questo caso è sufficiente scoprire la grande ricchezza di forme e di dimensioni per rendersi conto che tutte portano in sé vantaggi del tutto particolari e che, nell'ambito di questa diversità, non esiste alcuna inferiorità rispetto agli altri.

Una delle più importanti categorie di esercizi è però quella che affronta il miglioramento della capacità di utilizzo dei propri sensi. E anch'essa può essere sviluppata in questi centri. È proprio questo sviluppo dei cinque sensi di base che permette infine di sviluppare il sesto, vale a dire la capacità di comunicare telepaticamente. Quest'ultimo senso si sviluppa solo quando tutti gli altri sono capaci di funzionare insieme al massimo delle loro possibilità.

Ecco un breve cenno sulle possibilità offerte da questi centri di Meditazione Sensuale, che sono delle vere e proprie scuole di sensualità.

Inoltre, è importante segnalare quanto questi centri potrebbero essere utili per la gioventù, per gli adolescenti ai quali i genitori non osano spiegare la realtà della vita sessuale ed ai quali gli educatori propongono un' "educazione sessuale" che parla loro di topi o di cani. Si tratta spesso di un'educazione sessuale che, in breve, spiega loro "come funziona" invece di insegnare come servirsene per provare il massimo piacere. Come se la vita sessuale di un individuo non avesse altro scopo che la procreazione, in un epoca in cui le tecniche anticoncezionali si diffondono sempre più... Si dà ad una ragazza l'autorizzazione a prendere la "pillola" e poi gli si spiega che l'unione sessuale serve a fare dei bambini. Ecco dei livelli più bassi toccati dall'ipocrisia umana contemporanea.

In questi centri di Meditazione Sensuale vengono ammessi soltanto gli individui considerati maggiorenni dalla legislazione dei vari paesi dove essi sono impiantati. Questo significa che l'età minima richiesta può essere diversa da paese a paese. In Francia, ad esempio, è necessario avere diciotto anni per poter frequentare i nostri centri, a meno che, e ciò è valido per gli adolescenti dai quindici ai diciotto anni, non sia possibile ottenere dai genitori un'autorizzazione scritta utilizzando il modulo fornito dalle nostre "scuole di sensualità". In effetti dai quindici ai diciotto anni, i giovani hanno il diritto (!) di avere una vita sessuale con l'accordo (!) dei propri genitori. Quanto ai minori di quindici anni, anche se i genitori sono d'accordo, non hanno il diritto ad avere una vita sessuale!!! Non ci si può far niente, è la legge...

Per ottenere informazioni sulla legislazione in vigore nel vostro paese e sui limiti di età imposti, indirizzatevi al centro di Meditazione Sensuale del vostro paese. Se siete troppo giovani, pazientate un poco per potervi accedere, risvegliando da soli i vostri sensi secondo i grandi principi descritti in quest'opera.

L'UTILITÀ DELLA GUIDA

Se un essere particolarmente dotato può benissimo sbocciare da solo, la maggioranza di coloro che desiderano risvegliarsi totalmente ha interesse a farsi guidare sui sentieri dell'armonia per evitare di perdere tempo in direzioni che non portano a nulla. Anche chi è molto dotato può infatti perdere molto tempo in esperienze che arricchiscono poco, se non incontra qualcuno che lo farà beneficiare delle sue conoscenze.

Alcuni hanno paragonato il risveglio ad una montagna percorsa da numerosi sentieri, molti dei quali conducono alla vetta che rappresenta la realizzazione di sé. Personalmente, preferisco paragonare il processo di risveglio ad un albero che si fa crescere in sé e che è quindi diverso per ciascuno, tanto nella forma quanto nella dimensione o per i frutti che darà. Se rappresentassimo il risveglio con una montagna, significherebbe che ne esiste una sola e che è la stessa per tutti, il che è falso. Anche se ammettessimo che ciascuno abbia in sé una montagna personale, la cosa sottintenderebbe che, una volta giunti alla vetta, non c'è più niente da scoprire. L'albero, invece, è vivo e non si finisce mai di farlo crescere, di fargli stendere i suoi rami e fargli portare sempre più frutti, di un sapore sempre più delizioso.

Ecco perché coloro che insegnano la Meditazione Sensuale sono prima di tutto dei giardinieri, anche se il solo titolo che essi accettano è quello di "guide". Perché essi sono là per guidare gli arbusti che iniziano a crescere, affinché il loro sviluppo sia il più rapido ed il più armonioso possibile.

Mai una vera guida accetterà di essere chiamata "maestro", poiché questa parola viene dal latino "magister" che significa "colui che comanda", e la guida non è là per comandare bensì per fare in modo che l'alberello decida di dirigere le proprie radici nella buona direzione, facendogli scoprire tutte quelle che può prendere. Ed il miglior modo per aiutarlo a prendere la migliore decisione possibile, è fare in modo che sviluppi i legami che lo uniscono all'infinito esercitando i suoi sensi.

Abbiamo già visto che la parola "meditare" proviene dal latino "meditari" che significa esercitarsi. La Meditazione Sensuale è dunque un allenamento volto a raggiungere una migliore percezione dell'infinito. Essa ci permette infine di sentire noi stessi infiniti, conducendoci ad uno sviluppo del tutto naturale nella migliore direzione possibile.

Poiché, mettendoci in armonia con l'infinito, noi stessi diventiamo il veicolo attraverso il quale esso si manifesta agli occhi di coloro che non ne hanno ancora preso coscienza.

La guida non è nient'altro che una manifestazione dell'infinito che si indirizza a coloro i quali non hanno ancora preso coscienza che potrebbero essi stessi diventare i portaparola di ciò di cui sono costituiti e costituenti.

La guida non insegna l'amore, essa è l'amore, poiché si nutre del piacere di contemplare lo sviluppo degli altri ed il loro splendore.

Poiché non vede degli individui quando insegna, ma vede delle manifestazioni dell'infinito che aiuta a prendere coscienza di ciò che le compone.

La guida non insegna per essere amata o per essere ammirata. Essa insegna per donare ad altre particelle dell'infinito la felicità di prendere coscienza di se stesse, poiché ammira negli altri ciò che la anima.

Voi che leggete queste righe, voi stessi siete composti di un infinito che sta per scoprire se stesso, ed è per questo che in questo momento vi sentite pieni di entusiasmo. Le guide sono pronte ad aiutarvi a prolungare e a sviluppare quest'entusiasmo.

La parola entusiasmo proviene dal greco "enthousiasmos" che significa "portato dagli dei". Abbiamo visto che questo concetto rappresenta di fatto l'infinito. Aiutarvi ad essere "portati dall'infinito" di cui siete portatori, è questo lo scopo della guida.

VIII

TESTIMONIANZE

Ecco qui di seguito alcune fra le testimonianze più interessanti che ci sono state inviate dalle centinaia di persone che hanno già seguito uno "Stage di Risveglio" attraverso la Meditazione Sensuale.

« Arrivato sui luoghi dello stage di risveglio il 5 agosto, stavo ancora chiedendomi che cosa mi avesse potuto spingere là, io che avevo tante difficoltà ad andare verso gli altri.

Stavo male nella mia pelle e trascinavo già qualche anno delle ferite morali mal cicatrizzate che mi avevano fatto "chiudere nel mio guscio", come una lumaca che è stata punta. Relativamente ignaro dei danni che possono provocare la cattiveria e la stupidità, avevo scoperto qualche anno prima il potere distruttore delle parole, e dopo aver fatto conoscenza con la vergogna, l'angoscia, il timor panico degli altri, moralmente ferito, mi ero rifugiato nella solitudine.

È in questo stato d'animo che ho conosciuto Rael ed i raeliani; qualcosa di molto forte mi aveva spinto là, ma, come un combattente sulla difensiva, raccolto su me stesso, ero diffidente e teso.

Il giorno seguente iniziò il seminario di risveglio ed abbordai, in compagnia di alcune decine di uomini e donne, un soggetto con il quale avevo dei seri conti da regolare e nei confronti del quale ero al contempo rimasto dolorosamente chiuso e sensibile: la sessualità.

Un po' come qualcuno che togliesse dalla propria carne un corpo estraneo che lo avvelenava, ognuno di noi ha espulso da se stesso un ricordo che lo avvelenava e, come non mi sarei mai creduto capace di fare, mi sono ascoltato mentre raccontavo me stesso, con voce debole ma sostenuta dalla fiducia che avevo molto rapidamente acquisito verso questi uomini e queste donne che la vigilia ancora non conoscevo; avevo scoperto la fraternità Raeliana, qualcosa di molto diverso da ciò che avevo conosciuto fino ad allora, ed avevo deposto di fronte a loro un fardello che trascinavo da troppo tempo.

E durante tutto questo stage, Rael ha affrontato, unendo semplicità, buon senso e conoscenze approfondite, un soggetto sul quale spesso non avevo inteso altro che sogghigni e grasse battute.

Cosa posso dire delle conseguenze di questo seminario, senza rischiare di dimenticarne, se non che ha trasformato la mia vita in modo notevole, anche se ancora non sono completamente cosciente dei cambiamenti profondi che ha suscitato in me.

Più aperto nel corpo e nella mente, più cosciente di me e degli altri, mi sono accorto, a poco a poco, che molte cose erano cambiate nel mio modo di vedere la vita e di viverla.

La scala dei valori che mi ero forgiato, mi è apparsa caduca e mi sono messo, credo, a considerare gli uomini e gli avvenimenti con molta più acutezza e serenità, come se si fossero sbarazzati della loro facciata ingannatrice, come se avessero ripreso la loro vera dimensione.

Credo di aver ritrovato anche la facoltà di meravigliarmi, come nella mia infanzia, e uno sguardo tutto nuovo sulle cose e sulla gente, uno sguardo amorevole sulla donna e sulla vita in tutte le sue forme, così come una maggiore sensibilità.

Questa rivoluzione interiore si è anche tradotta in un comportamento diverso che non è stato privo di problemi, poiché le persone che avevo a fianco, e di questo me ne sono reso conto subito, non sempre capivano o non provavano a capire il perché si trovavano di fronte una persona molto diversa da quella che avevano conosciuto fino ad allora. Diviso tra il desiderio di realizzarmi pienamente e la paura di scioccare le persone che amo o per le quali ho della simpatia, provo sempre a tradurre il mio modo di essere in un comportamento fatto di buon senso.

La conseguenza è che coloro con i quali vivo mi guardano con un occhio diverso, allo stesso tempo interrogativo e stupito, e, in generale, rispettano il mio modo di essere. Suppongo infatti che esso si imponga da sé alla loro ragione e, considerando la loro attitudine nei miei confronti, credo di essere preso in maggior considerazione ».

Renè Jourdren, Saint-Etienne, Francia.

« Prima di seguire lo stage di risveglio, la mia vita non aveva la stessa intensità. In realtà non ero autonoma ed avevo troppa tendenza a risolvere i miei problemi appoggiandomi agli altri. Andavo a cercare ciò che non avevo, senza donare niente in cambio. Ero prigioniera del sistema consumistico. In effetti, proprio come si consuma, come si inghiottono gli alimenti, si inghiottono anche le parole perdendo così ogni forma di dialogo, di scambio.

Grazie allo stage di risveglio, ho sentito l'importanza dello scambio, questo scambio che fa sì che la vita esista. Ma per questo è necessario conoscersi, amarsi come si è. È così semplice!

"Se ti ami solo un po', allora amerai gli altri."

Durante questo seminario, Rael ci ha trasmesso le basi del risveglio del corpo, e dunque della mente, insistendo sull'importanza della respirazione che consente lo scambio con l'ambiente esterno. Ma non esiste soltanto questo, il nostro corpo possiede altri sensi che tutti i giorni utilizziamo e di cui non abbiamo coscienza, ma se questi sensi non esistessero non esisterebbero nemmeno gli scambi, dunque niente vita.

Rael ci ha insegnato a servirci dei nostri sensi sensualmente. Questo stage rappresenta una vera e propria nascita sensuale che cerco di vivere ogni giorno della mia vita. Mi rendo conto della mia evoluzione di fronte alle reazioni delle persone che mi circondano. Capita che mi si dica: "Signorina, voi infondete fiducia perché avete sempre il sorriso".

Questo stage mi ha fatto capire che la vita non è solo routine, ma, al contrario, una cosa infinitamente ricca, quando siamo una sola cosa con essa. Ora sento le cose della vita tanto in me quanto fuori di me. Tutto è semplice, la mia vita è costituita solo da scambi e da relazioni che si uniscono in una magnifica armonia che si chiama amore ».

Chantal Lemetayer, Rennes, Francia.

« Brancolavo nella notte, imprigionato in un'educazione atrofizzante, scontrandomi con tutti i tabù che secoli di oscurantismo avevano trasmesso attraverso le ere.

Il sole un bel giorno si alzò durante un seminario di risveglio dove, sotto la guida di Rael, scoprii la Meditazione Sensuale; fu per me l'aurora di una nuova vita. Tutte le tapparelle erano fino ad allora chiuse, ed ora sono aperte su un paesaggio meraviglioso. Ho riscoperto i segreti del mio corpo.

È molto difficile trasmettere con delle semplici parole tutti i tesori che ciò mi ha apportato. Ma mi piacerebbe soltanto che un giorno tutti possano vivere ciò che oggi vivo e sento grazie alla Meditazione Sensuale.

È grazie ad essa che ho potuto riscoprire la semplicità, imparare che in ogni cosa, in ogni istante che passa, esiste una sorgente inesauribile di piaceri: lo sguardo di un bambino, la freschezza di una pioggia d'estate, un fiore, un uccello che canta... Come l'ape che, volando di petalo in petalo, raccoglie il nettare dei fiori, la Meditazione Sensuale ci insegna a raccogliere in ogni istante della nostra esistenza e con tutta la forza dei nostri sensi, il nettare della Vita.

Ed ora, ogni mattina, mentre milioni di persone si alzano in una grigia abitudine, la mia mente si risveglia in un turbinio di colori. Un'energia infinita risale dalle regioni più profonde del mio cervello ed illumina tutte le mie cellule. L'immaginazione, la creatività, non incontrano più alcuna barriera, la sensualità prende il timone.

Il mio corpo era il bocciolo di un fiore meraviglioso, la cui crescita era impedita dalle ombre della civiltà e della religione. La Meditazione Sensuale fu il raggio di sole che fece schiudere questo bocciolo e lo fece sbocciare armoniosamente sull'infinito dello spazio e del tempo ».

Pierre Gary, Ingegnere, Parigi

« Ho sedici anni e mi chiamo Laurence. Ho scoperto la Meditazione Sensuale ed è stata per me una vera rivelazione... qualcosa di talmente potente, ardente come una voluttuosa carezza. Anche di più: un'estasi. Ho pure fatto dello yoga per anni, ma non c'è paragone. Mi sono sentita in perfetta armonia con tutto il mio corpo, con tutto il mio essere e con gli altri. La tua voce, registrata sulla cassetta, mi penetrava fin nel profondo, ogni piccola parte del mio corpo era invasa dal calore. Ero inebriata di felicità e di amore. Mi sollevavo senza avere l'impressione di sentirmi muovere, fluttuavo, portata, immersa, sollevata nell'aria, ed è la più bella cosa che possa esistere, sentirsi così in armonia con tutto ciò che ci circonda.

Domenica sono andata nelle Cèvennes, mi sono arrampicata molto in alto sulla montagna con un registratore e la tua cassetta. E in quel luogo mi sono distesa di fronte al cielo, all'immensità... Quali parole per descrivere ciò che ho provato? Nessuna parola è abbastanza potente, abbastanza sensuale per definire quest'inebriante impressione. Prima fumavo hashish, prendevo anfetamine per darmi l'illusione di esistere, di stare bene, ma se tu sapessi come adesso tutte queste droghe mi sembrano insulse! Così ho smesso di prenderle, perché è assolutamente ridicolo ora che ho scoperto la Meditazione Sensuale. Ho scoperto un ideale, io respiro, vivo, esisto, e solo ora mi rendo conto di tutto ciò.

Imparo a guardare meglio le cose, i fiori, e a volte mi capita di parlare con un fiore e di estasiarmi della sua bellezza. Allora il tempo cessa di esistere, è l'infinito ».

Laurence, Avignon, Francia.

« Dopo i momenti di meditazione praticati quest'estate durante lo stage di risveglio, ho sentito la mia mente più chiara con una migliore coscienza della mia personalità e quindi delle mie possibilità.

D'altra parte, ho constatato un miglioramento nel mio stato generale. Sono leggermente handicappato da una rigidità alla colonna vertebrale nella regione lombare. Dopo la pratica della Meditazione Sensuale constato un sensibile ammorbidimento di questa zona. Forse è dovuto unicamente agli esercizi respiratori che precedono ogni meditazione. Tuttavia, ci tenevo a portare la mia testimonianza »

Pierre-Simon, Rennes, Francia.

« È con una gioia immensa che tengo a ringraziarti, Rael, per i momenti indimenticabili che abbiamo passato con te allo stage di risveglio del corpo e della mente. Ciò che mi ha trasformato di più è stato il momento in cui abbiamo fatto il vuoto per meglio rinascere. Ho sentito un'emozione talmente forte che avevo voglia di gridare la mia gioia a tutti, ma l'emozione mi ha lasciato senza voce. Dopo questi momenti, mi sento un uomo nuovo, inizio una vita nuova a sessantasette anni ».

Alexandre-Denis, Saint-Ubald, Canada.

« Essendo di una certa età, la mia evoluzione si è svolta lentamente, ma in modo sicuro. Il cambiamento, tuttavia, è stato radicale al punto che le persone che mi sono vicine mi hanno chiesto che cosa mi stava accadendo.

Ora devo dire che ho una gran sete di vivere il più a lungo possibile con questa sensazione di felicità che porto in me, ed ho notato che più il tempo passa, più la meditazione ci trasforma. Per me, non esiste felicità più grande che essere Raeliano, e le mie convinzioni sono incrollabili. Sono sincero ed ho trovato ciò che cercavo da tanti anni ».

Simone David, Montreal, Canada.

« Al tempo in cui conobbi Rael e l'insegnamento affidatogli dai nostri Creatori, gli Elohim, la mia vita non era altro che un grande punto interrogativo. Avevo quasi vergogna di essere un uomo e, allo stesso tempo, non osavo vivere di fronte all'orrore dell'orgia social-economica-politica-mistico-fanatica di cui non riuscivo ad aprire una sola porta senza buscarle sonoramente. Dall'altra parte, mi sentivo asfissiato di fronte all'oscurantismo primitivo nel quale ero immerso fin dalla mia nascita e la cui corazza mi si incollava alla pelle.

Malgrado tutto ciò, cercavo qualcos'altro, qualcosa che potessi respirare sentendomi a mio agio, qualcosa di logico, di reale e di umano.

A quel tempo ero timido, mi sentivo a disagio e non potevo esprimermi neppure di fronte ad una sola persona. Inoltre i miei gusti sensuali mi portavano a sublimare i miei sensi nel contatto con un corpo maschile. Ero dunque traumatizzato, colpevolizzato, un disgraziato per la buona morale, la religione, l'educazione e i semplici costumi più futili.

Forse non lo sapete, ma si è omosessuali esattamente come si hanno gli occhi verdi o come si calza il 38 di scarpe o si misura 1,42 m di altezza, ecc. Vale a dire che, all'interno dei cromosomi contenuti nel nucleo delle cellule dell'individuo, la sequenza dei geni portatori dei caratteri di ogni essere umano determina assolutamente tutto per quanto riguarda le sue originalità, i suoi gusti, le sue forme, ecc. La cosa scandalosa è che nel Medio Evo, con la benedizione delle religioni oscurantiste, si ammazzavano gli isterici e, fino a non molto tempo fa, si uccidevano gli eretici. Di certo alla nostra epoca si è provato ad uccidere i dissidenti politici e gli omosessuali che vengono rinchiusi in campi di concentramento, chiamati pomposamente asili o case di pena... Anche a Parigi gli omosessuali sono imprigionati, torturati, rinchiusi, schedati, costretti a vivere clandestinamente in un ghetto, in seno ad una società ignorante che tollera quest'ingiustizia. Tutto questo accade in un'epoca in cui è molto facile comprendere il determinismo genetico, grazie ai lavori dei nostri scienziati.

Così da quando ho conosciuto e praticato l'insegnamento di Rael, in due anni al massimo, mi sono totalmente trasformato. Ho scoperto poco a poco tutte le possibilità che ancora non sfruttavo. Ma ora le ho trovate e parto nello sfruttamento di me stesso attraverso il risveglio delle mie facoltà, come un giardiniere che scopre la propria terra, fa le prime arature e mette in valore il proprio suolo prima di seminare, di coltivare ed infine di raccogliere.

Ogni coltivazione necessita di diverse conoscenze tecniche, un po' di esperienza pratica e molto buon senso...

L'insegnamento di Rael è un po' questo! All'inizio è necessario avere voglia di aprire il proprio giardino e di vedervi fiorire le piante, gli alberi ed i fiori più magnifici!

Poi ci vuole la tecnica per dissodare una terra mai sfruttata, per liberarla dalle erbacce, dai rovi, dagli eccessi di calcare, e ritrovare un ambiente neutro, né troppo acido, né troppo alcalino. Poi bisogna cominciare a mettere un po' d'ordine, giusto il necessario perché tutto ciò che viene desiderato possa crescere nell'armonia del clima e della ricchezza del suolo.

Ci vuole del buon senso per non mettere l'aratro davanti ai buoi, ma solo per meglio sentire ciò che questo suolo può far crescere e a quale ritmo, ciò che gli manca e ciò che ha di troppo, per ristabilire l'equilibrio sotto il controllo permanente dell'occhio accorto del giardiniere.

L'esperienza mostra che il suolo è biologico, ovvero naturalmente chimico, senza ciò le carote non nascerebbero. È ben evidente che la terra vive come noi respiriamo, la carota, il piscialletto e l'uomo rispondono tutti a delle funzioni magnificamente ben orchestrate, registrate in un codice individuale in seno ad ogni cellula. Sono tutti elementi di un equilibrio armonioso su scala planetaria, ma solo l'uomo ha il potere di comprenderlo e di realizzarlo a sua volta. Oggi vivo la mia sessualità ricercando lo sboccio massimo di tutti i miei sensi e con chi mi piace. Mi sento bene nella mia pelle, la mia timidezza morbosa tende a scomparire e, di conseguenza, la mia aggressività viene controllata.

Inoltre tengo conferenze che riuniscono più di cento persone, posso indirizzarmi a chiunque con la massima semplicità ed una maggior apertura nel rispetto degli altri.

Sento sgorgare in me un'infinità di possibilità che sonnecchiavano e posso controllarne il ritmo di utilizzo perché, infine, la grande qualità della Meditazione Sensuale sta proprio nel controllo o nella gestione di ogni atto, di ogni pensiero ponderatamente sentito attraverso il funzionamento ottimale del nostro cervello sottratto al suo letargo dall'esercizio della sensualità ».

P.S. "Dimenticavo di precisare che dal 1967 ero affetto da un'ulcera gastrica, data in cui mi era stata suggerita un'operazione chirurgica che rifiutai, preferendo il trattamento omeopatico che per dieci anni non diede alcun risultato. Quando iniziai a praticare la Meditazione Sensuale, soffrivo ancora molto per questa malattia. Da allora, tutto è scomparso nel giro di qualche mese, così bene che mi dimentico anche di parlarne. Tengo a disposizione degli scettici radiografie, certificati medici e le mie carte militari che, con mia grande gioia, mi attestano inadatto al servizio proprio a causa di quest'ulcera ».

Michel Vuaillat, Tecnico Orticolo.

« Ho ventiquattro anni e, benché abbia iniziato ad avere una vita sessuale a sedici anni, ero frigida da otto anni. Vale a dire che facevo l'amore per il solo piacere di contemplare l'effetto prodotto sui miei partner maschili dal mio corpo, che è abbastanza ben fatto. Mi limitavo a provare piacere nel dare loro del piacere e, come fanno molte donne, facevo finta di provarne perché si sentissero "virili" e per non avere un'aria anormale. Con la scoperta della Meditazione Sensuale, a ventiquattro anni, ho conosciuto per la prima volta l'orgasmo. Questa rivelazione è indescrivibile con delle semplici parole.

Aggiungo che soffrivo di angosce e di depressioni che riemergevano regolarmente e che nessuna medicina riusciva a sopprimere. Ma esse sono totalmente scomparse con questa scoperta del piacere fisico. Esprimo soltanto un desiderio: che tutte le donne possano scoprire tutto questo, poiché ho appreso solo in seguito che il 70% delle donne non conosce l'orgasmo »

N.C. , Québec.

« Ora ho l'impressione di conoscere il luogo in cui si trova il cassetto del piacere e della felicità, e di potervi attingere a volontà ».

Christiane Gariepy, Montreal, Canada

MAGGIORI INFORMAZIONI

Se desiderate sapere se esiste un centro di Meditazione Sensuale vicino a voi, o per sapere come procedere per ottenere il programma di meditazioni registrate su supporto audio, scrivete all'indirizzo qui sotto:

Mouvement Raëlien International
Case postale 225 - 1211 Geneve 8 (Suisse)

Indirizzi Internet ufficiali del Movimento Raeliano:
www.rael.org
www.raelianews.org
www.raelradio.net

Se desiderate diventare responsabile di un centro di Meditazione Sensuale nella vostra regione, contattate

Movimento Raeliano Italiano
C.P. 202 33170 - Pordenone

O scrivete un e-mail a:
italy@rael.org

BIBLIOGRAFIA

- Art et science de la créativité, pubblicazione del Centro culturale di Cerisy-la-Salle, pubblicato nella collezione 10/18 da Union Générale d'Editions.

- Evolution ou création, pubblicato dalle Edizioni S.D.T., 77190 Dammarie-les-Lys, Francia.

- L'orgasme au féminin, pubblicato da Editions de l'Univers, 1651 Saint-Denis Montréal, Canada.

ALTRE OPERE DI RAEL

Il Messaggio degli Extraterrestri

Ogni forma di vita sulla Terra, incluso l'Uomo, è il frutto di una creazione scientifica realizzata dagli Elohim, esseri molto evoluti provenienti da un altro pianeta che misero a frutto, nei laboratori che essi costruirono, le loro avanzate conoscenze nel campo dell'ingegneria genetica e del DNA. Tracce della loro opera sono conservate nella Bibbia, che possiamo considerare il libro ateo più antico del mondo. Infatti la parola Elohim, che figura nella versione biblica originale scritta in Ebraico antico, significa "coloro che sono venuti dal cielo". Gli Elohim, il 13 dicembre del 1973, affidarono a Rael la missione di diffondere questa straordinaria rivelazione e di costruire un'Ambasciata nella quale essi ritorneranno presto ufficialmente, insieme ai grandi Profeti che inviarono nel passato - Gesù, Mosè, Buddha, Maometto ed altri ancora - che sono mantenuti in vita sul loro pianeta grazie alla clonazione, il segreto della vita eterna.

Sì alla clonazione umana

Le attuali tecniche di clonazione sono oggi il primo passo verso la ricerca dell'immortalità o della vita eterna. Quello che le antiche religioni promettevano di raggiungere solo dopo la morte nella visione di un mitico paradiso, sarà invece presto una realtà scientifica qui sulla Terra . Questa è l'affascinante conclusione di Rael in un'ampia ed incisiva esamina di come la scienza rivoluzionerà presto tutte le nostre vite. Con il suo lungimirante sguardo, Rael disegna i dettagli di un futuro sorprendente in cui la nostra nascente tecnologia trasformerà e rivoluzionerà il mondo. La nanotecnologia renderà superflua l'agricoltura e l'industria pesante, le super-intelligenze artificiali supereranno molto presto l'intelligenza umana e sarà possibile vivere eternamente all'interno di un computer, senza bisogno di alcun corpo biologico! Questi scenari non sono la fantascienza del 22° secolo. Tutto questo accadrà nei prossimi 20 anni e lo scopo di questo libro è quello di prepararci a vivere in un meraviglioso, inimmaginabile mondo che sarà trasformato in un vero e proprio paradiso, dove nessuno avrà mai più bisogno di lavorare!

Il Maitreya: estratti dei suoi insegnamenti

Rael, l'annunciato "Maitreya che viene dall'Occidente", condivide in questo meraviglioso libro i suoi insegnamenti ed i suoi punti di vista, raccolti nel corso dei numerosi Seminari Raeliani che egli ha tenuto negli ultimi 30 anni. In questo libro vengono affrontati molti argomenti, tra cui l'amore, la felicità, la serenità, la spiritualità, la contemplazione, il mito della perfezione, la non-violenza, la scienza, le relazioni affettive e molto altro ancora. Questa lettura è essenziale per chiunque sia interessato a sviluppare il proprio potenziale e desideri vivere una vita più realizzata e gioiosa.

La Geniocrazia

Il Genio al potere ! L'immaginazione al potere ! Rael, in questo libro pubblicato per la prima volta nel 1977, propone di mettere realmente in pratica questi slogan creando un "governo mondiale" composto di "geni", eletti democraticamente, o meglio "geniocraticamente", dagli individui più intelligenti del pianeta, al fine di uscire dal vicolo cieco nel quale la democrazia selvaggia, che è piuttosto una mediocrazia (da mediocre, dal latino medius, che significa medio) ci ha spinti. Desiderare che le persone che ci governano siano realmente più intelligenti della media, non è la minima delle cose?

La Meditazione Sensuale

INDICE ANALITICO

abitudine 43, 44, 46, 60, 98
altruismo 30, 31
amore 7, 27, 30, 31, 37, 38, 42, 43, 45, 46, 48, 60, 71, 75, 78, 88, 93, 97, 99, 104, 108
anima vii, 22, 23, 24, 38, 73, 93
animale x, 4, 5, 27
armonia xv, xviii, 7, 9, 14, 24, 31, 40, 59, 61, 63, 66, 69, 70, 71, 80, 81, 83, 87, 91, 93, 97, 99, 102
cervello vii, viii, ix, x, xi, xii, xv, 3, 4, 12, 17, 28, 29, 30, 36, 37, 44, 51, 53, 58, 59, 66, 67, 68, 71, 73, 84, 85, 87, 98, 103
comportamenti 3, 12, 34, 35, 40, 44, 52
computer ix, 7, 8, 16, 17, 18, 19, 20, 21, 22, 24, 27, 28, 29, 30, 31, 34, 51, 53, 66, 67, 68, 71, 79, 83, 87, 108
conoscenza viii, xiii, 40, 42, 51, 54, 67, 81, 94
contrasti 30, 44, 57, 58, 60, 72
corpo iii, ix, x, xi, xii, xiii, xiv, 23, 38, 39, 44, 49, 50, 51, 52, 60, 64, 65, 66, 67, 68, 69, 70, 73, 74, 75, 76, 78, 79, 80, 81, 84, 85, 86, 89, 90, 95, 97, 98, 99, 100, 101, 104, 108
creazione xvi, 6, 7, 15, 22, 25, 26, 79, 107
cuore x, 72, 73, 81
digiuno 29, 30, 54, 60
droga 58, 71
educazione 11, 12, 13, 15, 34, 35, 36, 50, 54, 57, 82, 90, 97, 101
egoismo 30, 38, 39
Elohim xvi, xvii, 2, 3, 5, 6, 8, 9, 23, 101, 107
entusiasmo 44, 93

feromoni 86
gelosia 39, 45, 47
guida 92, 93, 97
gusto ix, 18, 56, 57, 59, 61, 64, 74, 85, 87
infinito 1, 2, 3, 6, 14, 22, 23, 24, 31, 42, 51, 55, 56, 58, 59, 60,
    61, 63, 64, 69, 70, 76, 77, 78, 79, 80, 83, 88, 92, 93, 98, 99
intelligenza ix, 7, 42, 43, 44, 108
masturbazione 49, 50, 51, 52
meditare xii, 31, 32, 62, 72, 92
memoria 19, 34
nudità 64
odorato ix, 18, 56, 57, 59, 60, 64, 85, 86
orgasmo xii, 28, 29, 51, 87, 88, 104
piacere ix, xi, xiv, 5, 8, 27, 28, 29, 30, 31, 38, 39, 40, 43, 46, 47,
    48, 49, 50, 51, 52, 61, 65, 71, 74, 75, 82, 85, 90, 93, 104
programmazione ix, 14, 22, 34, 40
Rael iv, xiii, xiv, xvi, xvii, 94, 95, 97, 100, 101, 102, 107, 108, 109
reazioni 4, 5, 13, 34, 35, 36, 45, 50, 54, 55, 81, 82, 84, 85, 87, 97
respirazione 53, 66, 67, 72, 73, 97
risveglio iii, viii, ix, xi, xiii, xiv, 14, 27, 35, 42, 44, 46, 54, 62, 63,
    66, 73, 80, 84, 89, 92, 94, 96, 97, 99, 100, 102
sensualità ix, x, xi, xii, xiii, 14, 42, 51, 56, 57, 58, 59, 61, 72, 74,
    84, 90, 91, 98, 103
separazione 46
sessualità xi, 8, 31, 37, 49, 50, 52, 83, 95, 103
simbolo 1, 3, 76, 77, 78, 79, 80
sinestesia 61
svastica 1, 3, 77, 78
tatto ix, 18, 56, 57, 58, 59, 64, 74, 81, 85
udito ix, 17, 56, 57, 59, 60, 64, 69, 85
umanità xvi, 1, 19, 31
vibrazioni 69, 76, 77, 79
vista ix, 7, 11, 17, 28, 40, 56, 57, 61, 64, 75, 85, 108
vuoto 13, 53, 55, 56, 100

www.ingramcontent.com/pod-product-compliance
Lightning Source LLC
Chambersburg PA
CBHW061446040426
42450CB00007B/1233